VERDI: OTELLO

Opera en Cuatro Actos

Traducción al Español y Comentarios
por E. Enrique Prado

Libreto de
Arrigo Boïto

Jugum Press

ISBN-10: 1-939423-62-7
ISBN-13: 978-1-939423-62-7

Estudio de Compositor Giuseppe Verdi
de Wikimedia Commons – en.wikipedia.org
(en el dominio público en los Estados Unidos y otros países)

Impreso en los Estados Unidos de América
Publicado por Jugum Press
www.jugumpress.com

Edición y diseño:
Annie Pearson, Jugum Press
Consultas y correspondencia:
jugumpress@outlook.com

Índice

Con una perseverancia inflexible, Verdi rechazó todos los proyectos para la composición de una nueva ópera después del estreno de *Aida* en El Cairo el 24 de Diciembre de 1871. Verdi consideraba que su obra ya estaba concluida, estaba harto de las presiones y de todos los problemas que implicaba la creación de una ópera, hacía mucho que se había independizado.

Día adiase hacia más rico y eso le permitía satisfacer sin dificultad sus más hondos anhelos: hacer el bien, y perfeccionar cada vez más su finca rural en Sant'Agata en donde cultivó vastos campos y cosechó con gran alegría después de haber pasado un año arando, sembrando y abonando la tierra bajo los rigores del sol y del viento. Plantó muchos árboles que formaron un gran bosque, los caballos que montaba, retozaban en sus campos, los cisnes adornaban el pequeño lago que mandó construir detrás de la casona. Sus amigos más cercanos, incluyendo a Giulio Ricordi su editor de toda la vida trataban de animarlo a que escribiera una nueva opera; todo era en vano, él se mantenía firme en su decisión de no escribir ninguna obra más.

Desde hacía mucho tiempo, Italia veía en Verdi a su héroe, a su ídolo y a partir de *Rigoletto* en 1851, su obra se conoció en todo el mundo y sus melodías se hicieron populares. Verdi nunca corrió detrás de la fama, detestó todo lo que tuviera visos de propaganda o sirviera para promocionar su figura. En éste sentido, cuenta la historia que en Octubre de 1881, Verdi fue objeto de un homenaje más; a los bustos de Rossini y Donizetti que ya adornaban el vestíbulo de La Scala de Milán, se sumarian otros dos: el de Bellini y el de Verdi, cuando el maestro recibió la invitación para acudir al evento, se enfureció, él estaba dispuesto de todo corazón a apoyar la exposición del busto de Bellini ya fallecido a quien admiraba, pero no la del suyo propio. Opinó que eso era inadmisible y de muy mal gusto y no asistió a la develación de las esculturas que se hizo en medio del gran entusiasmo de los milaneses amantes de la ópera.

En el fondo nunca dejó de ser un "campesino" como solía designarse a sí mismo, originalmente fue el "campesino de La Roncole, su aldea natal para convertirse después en el "campesino" de Sant'Agata.

Finalmente después de muchos meses de veladas y sutiles sugerencias hechas al maestro, Giulio Ricordi sabiendo que aquel siempre había tenido fuerte inclinación hacia las obras de Shakespeare y de que aún se sentía insatisfecho por solo haber escrito una ópera basada en la obra de él (*Macbeth*) y de que además estaba frustrado por no haber terminado *El Rey Lear,* le pidió a Arrigo Boïto, joven compositor, que escribiera el libreto de *Otello,* para en su momento presentárselo a Verdi para su consideración. Peppina, como, cariñosamente llamaban a la esposa de Verdi, se enteró del asunto y sabiendo que existían posibilidades de que el maestro aceptara la idea de escribir su segunda ópera con argumento de Shakespeare, se unió a la "conspiración" para tratar de convencerlo, lo que finalmente lograron. Boïto, gran admirador de Verdi y dotado de gran inteligencia y creatividad, hizo una magnífica adaptación de la obra original para ser representada como ópera. Cuando estuvo lista y presentó el libreto terminado a Verdi, éste casi no le hizo modificaciones y lo aceptó de inmediato.

Verdi y Boïto trabajaron arduamente y la ópera quedó terminada el 1º de Noviembre 1886, el año en que el maestro cumplió setenteros años. A principios de 1887, Verdi marchó a Milán para presenciar e intervenir en los ensayos dirigidos por su amigo Franco Faccio.

Con varias semanas de anticipación, la Scala de Milán se vio asediada por los pedidos de todos los países europeos, de reservaciones de localidades para la función del 5 de Febrero de 1887. A pesar del alto costo, en pocas horas se agotaron los boletos para tener acceso a los 3600 lugares que ofrecía el amplio teatro decorado en rojo y oro. A las ocho y media de la noche. Faccío entró al foso de la orquesta, levantó la batuta y sobre el escenario iluminado por el espectral restallido de los relámpagos, rugió una furiosa tempestad. *Otello* que ha logrado escapar a la borrasca y al ala que de la flota turca, desembarca en la orilla Habían pasado 16 años desde el estreno de *Aida* en El Cairo.

A la mitad del primer acto se escucharon los reclamos del público para que se presentara el compositor, pero Verdi no salió al escenario. Se dice que había tomado uno de esos grandes elementos de percusión que permiten imitar con fidelidad detrás del escenario el fragor del trueno. Verdi se presentó ante el público al finalizar el primer acto; el teatro en pleno se puso de pie y lo premió con aclamaciones y frenéticos aplausos que en el curso de la función fueron en aumento, hasta llegar a una apoteosis brindada a pocos maestros. Pronto, *Otello* se presentó en Venecia y en Brescia con un éxito sostenido que lo acompañó alrededor del mundo. Mientras tanto, Verdi regresó a Sant'Agata para dedicarse a sus caballos y a sus cisnes, a sus queridos bosques y campos. Las distinciones le llovieron en números imposibles de describir, pero Verdi las rechazó, no quería órdenes, no quiso que esculpieran su rostro en piedra en la Catedral de Milán, no deseaba dar su nombre más que a sus óperas.

Traducción y comentarios por
E. Enrique Prado Alcalá
Tepoztlán, Mayo de 2015

Sinopsis ಲ Otello

La acción tiene lugar en Chipre, durante el siglo XV.
Chipre en ese entonces estaba dominada por Venecia.

Acto I

La escena se inicia durante una terrible tormenta que azota el Puerto de Chipre en donde trata de atracar el barco del General Otello, gobernador de la isla, que regresa de una batalla naval contra los turcos. Una multitud ansiosa observa desde la orilla a las afueras del palacio de Otello, las difíciles maniobras que hace el barco para llegar al muelle. Yago, que ostenta el grado de alférez, observa la escena sin compartir la angustia que todos sienten ante el peligro de que naufrague la embarcación de Otello, a quien odia porque el General ascendió al grado de Capitán a Cassio, quedando él atrás por lo cual ha jurado vengarse de ambos.

Otello finalmente llega a puerto y triunfalmente anuncia que la flota turca ha sido derrotada y que lo que quedó de ella ahora yace en el fondo del mar víctima de la tormenta. Esto despierta la algarabía de todos, la gente enciende fogatas y comienza a beber para celebrar la victoria. Yago inicia la trama de su venganza diciéndole a Rodrigo, un veneciano secretamente enamorado de Desdémona, la esposa de Otello, que también Cassio ama a la dama. Yago se las arregla para embriagar al Capitán Cassio y luego logra que éste pelee con Rodrigo, Montano, anterior gobernador de la isla, interviene para separarlos y en la refriega es herido por Cassio. Yago exagerando las cosas da la alarma general y le hace conocer los hechos a Otello quien muy molesto castiga a Cassio degradándolo y ordena que se atienda a Montano. Yago se regocija ante el resultado de su intriga.

Otello ya calmado se reúne con Desdémona y cantan un hermoso dueto de amor mientras Venus brilla en el cielo.

Acto II

Una sala en el palacio del gobernador. Una puerta al centro lleva a los jardines.

Yago continua organizando su venganza contra Otello el General moro. Le aconseja a Cassio que se entreviste con Desdémona en el jardín y le pida que interceda por él ante su marido para que le sea devuelto su grado de Capitán. Cuando Cassio y Desdémona platican en el jardín, Yago arregla las cosas para que Otello vea la escena y le da a entender sutilmente que su esposa y Cassio se aman, sembrando así la semilla de los celos en el moro. Cuando Desdémona regresa del jardín y le pide a Otello que perdone a Cassio y lo reinstale en su antiguo grado, el General se niega a hacerlo. Yago posteriormente como prueba de lealtad hacia Otello le informa que escuchó a Cassio, mientras dormía diciendo palabras comprometedoras relacionadas con Desdémona. Yago convence a su esposa Emilia que es la dama de compañía de Desdémona, de que sustraiga un pañuelo que Otello le dio como regalo a su esposa. Posteriormente Yago informa al General, que vio que el pañuelo en cuestión lo tiene Cassio en su poder lo cual constituye la prueba de la infidelidad de Desdémona. Otello furioso jura vengarse de los amantes.

Acto III

En el gran salón del palacio.
Un heraldo anuncia que ha llegado un barco transportando embajadores de Venecia.

Desdémona nuevamente pide a Otello el perdón par a Cassio y él le pide que le muestre el pañuelo que le regaló; cuando ella no puede encontrarlo, él la acusa de ser una ramera y le ordena que se retire. Estando a solas, Otello lamenta la pérdida de su felicidad, y es interrumpido por la llegada de Yago que le informa que oyó a Cassio hablando acerca de Desdémona y le hace notar que aquel juguetea con el pañuelo de ella. Otello decide matar esa noche a su esposa.

El embajador veneciano anuncia que Otello será llamado a prestar sus servicios en Venecia y que su vacante será ocupada por Cassio. Enfrente de todos, Otello furioso toma a su esposa y la arroja al suelo. Yago instrumentado el final de su pían, convence a Rodrigo de que mate a Cassio.

Otello maldice a Desdémona y cae colapsado y Yago con un gesto triunfante señala al cuerpo inerte y exclama burlándose: Ahi está el león.

Acto IV

En la habitación de Desdémona.

Desdémona se prepara para acostarse a dormir mientras Emilia la ayuda. Se encuentra muy preocupada por la actitud de su esposo, misma que no alcanza a entender. Cuando termina de rezar el Ave Maria, entra Otello y la acusa de haberle sido infiel, lo cual ella niega, entonces él la estrangula sobre la cama. Entra Emilia asustada anunciando que Rodrigo ha muerto al intentar matar a Cassio y al ver muerta a su ama acusa a Otello de haber matado a una inocente y le hace saber del complot urdido por Yago quien logra escapar. Cuando el moro se da cuenta de su tremendo error, se apuñala y con su último aliento besa a Desdémona por última vez.

FIN

Reparto ɞ Otello

OTELLO, un moro comandante de la flota veneciana
y Gobernador de Venecia en Chipre — tenor

DESDÉMONA, esposa de Otello — soprano

YAGO, un alférez, al servicio de Otello — barítono

CASSIO, un Capitán, al servicio de Otello — tenor

RODRIGO, un noble veneciano — tenor

LODOVICO, ministro extraordinario de Venecia — bajo

MONTANO, antecesor de Otello en Chipre — bajo

EMILIA, esposa de Yago y dama de compañía de Desdémona — mezzo-soprano

Soldados, marineros de las fuerzas venecianas en Chipre, nobles damas y caballeros,
habitantes de Chipre, coros y comparsas.

Libreto ℘ Otello

Acto I

Se observa el castillo de Otello. Al fondo se divisan los muelles que dan sobre el castillo y el mar.
Está anocheciendo. Se ha desencadenado una violenta tonnenta con, rayos, relámpagos y viento huracanado.
Amaina lentamente y se escuchan las voces atemorizadas de la gente de tierra,
interrumpidas repetidamente por el estruendo de los truenos.
Con mucha dificultad y en serio peligro de hundirse se aproxima al muelle la nave
de Otello que regresa de una batalla naval contra los turcos.

CORO
Una vela!
Una vela!
Un vessillo!

1.   ¡Un navío!
        ¡Un navío!
        ¡Un estandarte!

MONTANO
È l'alato Leon!

2.   ¡Es el León Alado!

CASSIO
Or la folgar lo svela.

3.   Ahora los rayos lo iluminan.

CORO
Uno squillo!
Ha tuonato il cannon!

4.   ¡Las trompetas!
        ¡Ha disparado el cañón!

CASSIO
È la nave del Duce.

5.   Es la nave del Duce.

MONTANO
Or s'affonda...
Or s'inciela...

6.   Ahora se hunde...
        Ya emerge...

CASSIO
... erge il rostro dall'onda.

7.   ... asoma la proa entre las olas.

CORO
Nelle nube ci cela e nel mar,
e alla luce dei lampi ner appar.
Lampi! Tuoni! Gorghi!
turbi tempestosí e fulmini!
Treman l'onde, treman l'aure,
treman basi e culmini.

8. Se oculta entre las nubes y el mar,
y reluce con la luz de los relámpagos.
¡Rayos! ¡Truenos! ¡Remolinos!
¡Remolinos tempestuosos y rayos!
Tiemblan las olas, tiemblan
los vientos y las cumbres.

Llegan numerosas mujeres del pueblo.

Fende l'etra un torvo e cíeco
spirto di vertigine!
Iddio scuote il ciel bieco,
come un tetro vel.
Tutte è fumo! Tutto è fuoco!
L'orrida caligine si fa incendio
poi si spegne più funesta.
Spasima l'universo, accorre a valchi,
l'aquilon fantasima,
i titanici oricalchi squillano nel ciel!

¡El ciego y amenazador
espíritu del vértigo atraviesa los aires!
Dios agita el cielo obscuro
como un tétrico velo.
¡Todo es humo! ¡Todo es fuego!
La niebla sofocante se incendia
y después se extingue más funesta.
¡Tiembla el universo y lo recorre
el cometa fantasma, suenan
en el cielo las trompetas de los titanes!

Con gestos de espanto, suplicantes se vuelven hacía el mar.

Dio, fulgore della bufara!
Dio, sorriso della duna!
Salva l'arca e la bandiera
della veneta fortuna!
Tu, che reggi gli astri e il Fato!
Tu, che imperi le mondo e al ciel!
Fa che in fondo al mar placato
posi l'ancora fede!

¡Dios, fulgor de la tormenta!
¡Dios, sonrisa de la playa!
¡Salva la bandera y el arca
con la fortuna veneciana!
¡Tú que imperas sobre los astros y el Destino!
¡Tú que imperas en el mundo y en el cielo!
¡Haz que en el fondo del mar sereno
se pose el ancla fiel!

YAGO
È infranto l'artimon!

9. ¡Se quebró la vela mayor!

RODRIGO
Il rostro piomba
su quello scoglio!

10. ¡La proa se encamina
hacia aquel escollo!

CORO
Aita! Aita!

11. ¡Socorro! ¡Socorro!

YAGO
L'alvo frenetico del mar
sia la sua tomba!

(A Rodrigo)
12. ¡Que la siniestra profundidad del mar
sea su tumba!

CORO
È salvo, è salvo!
Gittare i palischermi!
Mano alle funi! Fermi!

13. ¡Está a salvo, está a salvo!
¡Arrojen los botes!
¡Desamarradlos! ¡Deténganlos!

CORO
Forza ai remi!

14. ¡Remen con fuerza!

Descienden por las escaleras hacía los muelles.

Alta riva! ...

¡Vayamos la orilla! ...

MARINEROS
All'approdo! Allo sbarco!

15. ¡Ya llegamos! ¡Desembarquemos!

CORO
Evviva! Evviva!

16. ¡Viva! ¡Viva!

Sube por las escaleras del muelle y llega a la explanada, seguído por marineros y soldados.

OTELLO
Esultate! L'orgoglio musulmano
sepolto è in mar, nostra
e del ciel è gloria!
Dopo l'armi lo vinse l'uragano.

17. ¡Regocijaos! ¡El orgullo musulmán
está sepultado en el mar, es nuestra
y del cielo la gloria!
Lo vencieron nuestras armas y el huracán.

CORO
Evviva Otello! Vittoria! Vittoria!

18. ¡Viva Otello! ¡Victoria! ¡Victoria!

La gozosa excitación del pueblo tarda en ceder.
De tanto en tanto, vuelven a surcar el cielo nocturno los últimos relámpagos de la tempestad.
Otello entra en la fortaleza seguido por Cassio, Montano, y soldados.

CORO
Vittoria! Sterminio!
Dispersi, distrutti,
sepolti nell'orrido
tumulto piombar.
Avranno per requie
la sferza dei flutti
la ridda dei turbini,
l'abisso del mar.
Vittoria! Evviva!

19. ¡Victoria! ¡Exterminio!
Dispersados, destruidos,
sepultados en la horrible
tempestad.
El azote de las olas
la violencia de los remolinos
y et abismo del mar,
serán sus únicas plegarias fúnebres.
¡Victoria! ¡Viva!

CORO
Si calma la bufera.

20. Se calma el temporal.

YAGO
Roderigo, ebbene, che pensi?

(A Rodrigo)
21. ¿Y bien, Rodrigo, qué piensas?

RODRIGO
D'affogarmi...

22. Quisiera ahogarme...

Al fondo la tripulación va y viene afanosa, trepando por las escaleras del muelle
y entrando en el castillo con armas y cofres.
Algunos pobladores aparecen llevando zarzas que depositan al paso de los soldados,
éstos con antorchas las encienden.

YAGO

Stolto è chi s'affoga
per amor di donna.

23.   Tonto es quien se ahoga
por el amor de una mujer.

RODRIGO

Vincer nol so.

24.   No puedo vencer.

Algunos pobladores empiezan a apilar leña para encender una gran fogata.
La multitud ruidosa se acerca con curiosidad.

YAGO

Suvvia, fa senno, aspetta
l'opra del tempo. A Desdemona bella,
che nel segreto de' tuoi sogni adori,
presto in uggia verranno i foschi baci
di quel selvaggio dalle gonfie labbra.
Buon Roderigo, amico tuo sincero
mi ti professo, nè in più forte ambascia
soccorrerti potrei.
Se un fragil voto di femmina non è
tropp'arduo nodo pel genio mio nè
per l'inferno, giuro che quella donna
sará tua.
M'ascolta: benchè finga d'amarlo
odio quel Moro.

25.   Vamos, ten cordura, espera
la obra del tiempo. A la bella Desdémona,
a quien adoras secretamente en tus sueños,
pronto se cansará de los obscuros besos
de ese salvaje de gruesos labios.
Buen Rodrigo, me considero tu amigo sincero,
capaz de socorrerte en los momentos
mas difíciles.
A menos que un frágil voto femenino
sea un obstáculo insuperable para mi
ingenio, juro por el infierno que esa mujer
será tuya.
Escúchame: aunque finja amarlo
odio a ese Moro.

Llega Cassio que se une a un grupo de soldados.

YAGO

... E una cagion dell'ira eccola, guarda.

26.   ... Míralo ese es la razón de mi ira

Señalando a Cassio.

Quell'azzimato capitano usurpa
il grado mio, il grado mio che in cento
ben pugnate battaglie ho meritato;
tal fu il voler d'Otello, ed io rimango
di sua moresca signoria... l'alfiere!

Ma, come èver che tu Roderigo sei,
cosi è puro vero che se il Moro io fossi
vedermi non vorrei d'attorno un Jago.
Se tu m'ascolti...

¡Ese emperifollado Capitán usurpa
mí grado, mi grado que merezco por
haber combatido valerosamente;
en cientos de batallas, tal fue la voluntad
de Otello, y yo continuo siendo el Alférez
de su morisca señoría! ...
Pero tan cierto como que te llamas Rodrigo,
es que si yo fuera el Moro, no querría tener
a un Yago junto a mí.
Ahora escúchame...

Arde la hoguera, los taberneros iluminan la glorieta con todo esplendor.

CORO

Fuoco di gloria! L'ilare vampa
Fuga la notte col suo splendor.
Guizza, sfavilla, crepita, avvampa,
fulgido incendio che invade il cor.
Dal raggio attratti vaghi sembiante
movono intorno mutando stuol,
e son fanciulle dai lieti canti,
e son farfalle dall'igneo vol.
Arde la palma col sicomoro,
canta la sposa col suo fedel;
sull'aurea fiamma, sul lieto coro
soffia l'ardente, spiro del ciel.
Fuoco di gioia, rapido brilla!
Rapido passa, fuoco d'amor!
Splende, s'oscura, palpita, oscilla,
l'ultimo guizzo, lampeggia e muore.

27. ¡Fuego de gloria! ¡Llamas de alegría!
Su esplendor espanta a la noche,
resplandece, brilla, crepita y refulge,
su cálida luz invade el corazón.
Las llamas atraen a los bellos rostros
que danzan a su alrededor.
Y son muchachos de alegres cantos
y son mariposas de vuelo fugaz.
Arde la palma con el sicomoro,
canta la esposa con su hombre fiel;
sobre las doradas llamas, sobre el alegre
coro, sopla el ardiente aliento del cielo.
¡Fuego de gloria, qué rápido brillas!
¡Rápido pasa el fuego del amor!
Te enciendes, te apagas, palpitas, tiemblas,
la última llama resplandece y muere.

El fuego se extingue poco a poco. La tempestad ha cesado.

Cassio, Rodrigo, Yago y otros hombres armados se sientan alrededor de una mesa, algunos se quedan de pie.

YAGO

Roderigo, beviam! qua la tazza, Capitano!

28. ¡Bebamos, Rodrigo! ¡Usted también,
Capitán!

CASSIO

Non bevo più.

29. No bebo más.

Acercando la jarra al vaso de Cassio.

YAGO

Ingoia questo sorso.

30. Tómate éste trago.

CASSIO

No.

(Apartando en vaso.)
31. No.

YAGO

Guarda! Oggi impazza
tutta Cipro! È una notte
di gioia, dunque...

32. ¡Mira! ¡Hoy toda Chipre
celebra! Es una noche
de gloria, entonces...

CASSIO

Cessa.
Già m'arde il cervello
per un nappo vuotato.

33. Basta.
Ya me duele la cabeza
con una copa que tomé.

YAGO

Si, ancora bever devi.
Alle nozze d'Otello
e Desdemona!

34. ¡Si, todavía
debes brindar por las bodas e Otello
y Desdémona!

CORO
Evviva!

CASSIO
Essa infiora questo lido.

YAGO
Lo ascolta.

CASSIO
Col vago suo raggiar chiama
i cori a raccolta.

RODRIGO
Pur modesta essa è tanto.

CASSIO
Tu, Jago, canterai le sue lodi!

YAGO
Lo ascolta.

Io non sonno che un critico.

CASSIO
Ed ella d'ogni lode è più bella.

YAGO
Ti guarda da quel Cassio.

RODRIGO
Che temi?

YAGO
Eí favella già con troppo bollor,
la gagliarda giovinezza lo sprona,
è un astuto seduttor che t'ingombra
il cammino. Bada.

RODRIGO
Ebben?

YAGO
S'ei s'inebria è perduto!
Fallo ber!

Qua ragazzi del vino!

35. ¡Viva!

(Levanta su vaso y bebe un poco.)
36. Ella es la flor de ésta isla.

(A Rodrigo, en voz baja.)
37. Escúchalo.

38. Con su candor atrae a todos
los corazones.

39. Ella es muy modesta.

40. ¡Tú, Yago, cantarás sus alabanzas!

(A Rodrigo)
41. Escúchalo.

(A Cassio)
No soy más que un crítico.

42. Y ella es más bella que cualquier alabanza.

(A Rodrigo)
43. Cuídate de Cassio.

44. ¿Qué temes?

45. El habla con mucha pasión,
su gallarda juventud lo impulsa a hacerlo,
es un astuto seductor que te obscurecerá
el camino. Cuídate.

46. ¿Y entonces?

47. ¡Si él se embriaga, está perdido!
¡Hazlo beber!

(A los taberneros)
¡Aquí, muchachos traigan vino!

Yago llena tres vesos, uno para si, otro par a Rodrigo y otro, para Cassio.

LA MULTITUD
innaffia l'ugola,
trinca tracanna!
Prima che svampino
canto e bicchier.

CASSIO
Questa del pampino verace manna
di vaghe annugola nebbie il pensier!

YAGO
Chi all'esca ha marso del ditirambo,
spavaldo e strambo, beve con me.

CORO Y RODRIGO
Chi all'esca ha marso del ditirambo,
spavaldo e strambo, beve con te.

YAGO
Un altro sorso e brillo egli è.

RODRIGO
Un altro sorso
e brillo egli è.

YAGO
Il mondo palpita quand'io son brillo!
Sfido l'ironico Nume e il destin!

CASSIO
Come un armonico liuto oscillo;
la gioia scalpita sul mio cammino.

YAGO
Chi all'esca ha morse del
del ditirambo spavaldo e strambo,
beva con me!

CORO Y RODRIGO
Chi all'escara morse del ditirambo
spavaldo e strambo
beva con te!

YAGO
Un altro sorso e brillo egli è.

RODRIGO
Un altro sorso
e brillo egli è.

(A Cassio)
48. ¡Échatelo dentro,
bébelo de un trago!
Antes de que cesen
los cantos y los brindis.

(A Yago, con el vaso en la mano.)
49. ¡Este es el noble néctar de las vides
que enturbia la razón con nubes de alegría!

50. Quien no ha sabido resistirse a Baco,
que libre y dichoso, beba conmigo.

51. Quien no ha sabido resistirse a Baco,
que libre y dichoso, beba contigo.

(En voz baja a Rodrigo, señalando a Cassio.)
52. Un trago más y estará ebrio.

(A Yago)
53. Un trago más
y estará ebrio.

54. ¡El mundo tiembla cuando yo estoy ebrio!
¡Desafío irónico a los dioses y al destino!

(Continua bebiendo.)
55. Vibro como un armónico laúd;
la alegría viene por mi camino.

56. ¡Quién no ha sabido resistirse a Baco
que libre y dichoso,
beba conmigo!

57. ¡Quién no ha sabido resistirse a Baco
que libre y dichoso
beba contigo!

58. Un trago más y estará ebrio.

59. Un trago más
y estará ebrio.

YAGO
Fuggan dal vivido
nappo i codardi...

60. Solo los cobardes huyen
del vino...

CASSIO
In fondo all'anima ciascun
mi guardi! ...

61. ¡Que todos se asomen al
fondo de mi alma! ...

YAGO
Che in cor nascondono
frodi...

(Bebe.)
62. Pues temen descubrir
lo que oculta su corazón...

CASSIO
Non temo il ver... non temo il ver ...
... e bevo...

(Tambaleándose.)
63. Yo no le temo a la verdad... no le temo...
... por eso bebo...

CORO
Ah! Ah! Ah!

64. ¡Ja, ja, ja!

CASSIO
Del calice gli orli imporporino!

65. ¡Que el cáliz se púrpura!

Trata de repetir la primera estrofa pero no la recuerda.

YAGO
Egli è briaco fradicio. Ti scuoti.
Lo trascina a contesa, è pronto
all'ira, t'offenderà...
ne seguirà tumulto!
Pensa che puoi cosi del lieto Otello
turbar la prima vigilia d'amor!

66. Está borracho como una cuba.
¡Provócalo, incítalo a reñir
la ira lo impulsará a atacarte
y habrá un tumulto!
¡Piensa que así podrás turbar la primera
noche de amor del alegre Otello!

RODRIGO
Ed è ciò che mi spinge.

67. Por cierto que lo haré.

MONTANO
Capitano, v'attende la fazione
ai baluardi.

(Viene del castillo y se dírige a Cassio.)
68. Capitán, lo esperan las tropas
en los baluartes.

CASSIO
Andiamo!

(Tambaleándose.)
69. ¡Vamos!

MONTANO
Che vedo?

70. ¿Qué veo?

YAGO
Ogni notte in tal guiza Cassio
preludia al sonno.

71. Todas las noches, antes de dormir Cassio
se pone en ese estado.

MONTANO
Otello il sappia.

72. Otello debe saberlo.

CASSIO
Andiamo ai baluardi.

73. Vamos a los baluartes.

RODRIGO Y CORO
Ah! Ah!

74. ¡Ja! ¡Ja!

CASSIO
Chi ride?

75. ¿Quién se ríe?

RODRIGO
Ricio d'un ebro.

76. Me rio de un borracho.

CASSIO
Bada alle tue spalle! Furfante!

77. *(Se arroja sobre Rodrigo.)*
¡Cuídate canalla!

RODRIGO
Briaco ribaldo!

78. *(Defendiéndose.)*
¡Borracho perdido!

CASSIO
Marrano! Nessun più ti salva!

79. ¡Marrano! ¡Nadie podrá salvarte!

MONTANO
Frenate la mano, signar, ve ne prego!

80. *(Se interpone entre ellos y se dirige ss Cassio.)*
¡Deténgase, señor, se lo ruego!

CASSIO
Ti spacco il cerebro se qui t'interponi.

81. *(A Montano)*
Te volaré la cabeza si te interpones.

MONTANO
Parole d'un ebro.

82. Palabras de un ebrio.

CASSIO
D'un ebro?

83. ¿De un ebrio?

Cassio desenvaina la espada, Montano también. Se trenzan en feroz combate, la multitud retrocede.

YAGO
Va al porto con quanta più possa
ti resta gridando: sommossa!
Va! Spargi il tumulto, l'orrore.
Le campane risuonino a stormo.

84. *(A Rodrigo)*
¡Ve al puerto y grita tan fuerte como puedas
sommosa! ¡Motín! ¡Motín!
¡Ve! Difunde el tumulto, el horror.
Haz que doblen las campanas.

Rodrigo sale corriendo, Yago suplica a los duelistas.

Fratelli, l'immane conflitto cessate!

¡Hermanos, terminen esa pelea!

MUJERES
Fuggiam!

85. ¡Huyamos!

YAGO
Ciel! Già granda di sangue Montano!
Tenzon furibonda!

86. ¡Cielos! ¡Montano ya está sangrando!
¡Combate atroz!

MUJERES
Fuggiam!

87.   ¡Huyamos!

YAGO
Tregua!

88.   ¡Una tregua!

HOMBRES
Tregua!

89.   ¡Una tregua!

MUJERES
S'uccidono!

90.   ¡Se están matando!

HOMBRES
Pace!

91.   ¡Paz!

YAGO
Nessun più raffrena quel nembo pugnace!   92.   ¡Nadie puede detener esa lucha!
Si gridi l'allarme! Satana gl'invade!   ¡Griten la alarma! ¡Satán los invade!

VOCES
Socorro! Auxilio!

93.   ¡Socorro! ¡Auxifio!

Suenan las campanas.

Escena Segunda
Llega Otello seguido por un grupo con antorchas.

OTELLO
Abbasso le spade!

94.   ¡Abajo las espadas!

Las campanas dejan de sonar, el combate se detiene, todo vuelve a la calma.

Olà! Che avvien?   ¡Vaya! ¿Qué ha ocurrido?
Son io fra i Saraceni?   ¿Estoy entre sarracenos?

O la turchesca rabbia è in   ¿O acaso la rabia turca se ha metido en
voi trasfusa da sbranarvi l'un l'altro?   vosotros para que se despedacen unos a otros?
Onesto Jago,   Honesto Yago,
per quell'amor che tu mi porti, parla.   por el amor que me tienes, habla.

YAGO
Non so qui tutti eran cortesi amici,   95.   No lo sé aquí todos eran amigos
dianzi, e gíocondi...   corteses y alegres pero de pronto...
ma ad un tratto, come se un pianeta maligno   como si un planeta le hubiese
avesse a quelli smagato il senno   hecho perder el juicio, desenvainaron
sguainando l'arme s'avventano furenti...   sus armas y se trenzaron en feroz combate...
Avesse io prima stroncati i pie che qui   ¡Hubiera preferido cortarme los pies que
m'addusse!   me trajeron hasta aquí!

OTELLO
Cassio, come obliasti te stesso a tal segno?   96.   ¿Cassio, cómo llegaste a éste extremo?

20

CASSIO
Grazia... perdoni... parlar non so...

97. Gracia... perdón... no puedo hablar...

OTELLO
Montano...

98. Montano...

MONTANO
Son ferito.

(Sostenido por un soldado.)
99. Estoy herido.

OTELLO
Ferito! ... Pel cielo
già il sangue mio ribolle.
Ah, l'ira volge l'angelo nostro tutelare
in fuga!

100. ¡Herido! ... Por el cielo
ya mi sangre se agita.
¡Ah, nuestro ángel tutelar fue ganado
por la ira!

Entra Desdémona, Otello al verla, cotre hacia ella.

Che? ... La mia dolce Desdemona anch'essa?
Per voi distolta dà suoi sogni?
Cassio... non sei più Capitano.

¿Que? ... ¿Es esa mi dulce Desdémona?
¿Apartada por ustedes de sus sueños?
Cassio y... a no eres Capitán.

Cassio deja caer su espada que recoge Yago.
Entrega la espada de Cassio a un soldado.

YAGO
O mio trionfo!

101. ¡Oh, mi triunfo!

OTELLO
Jago, tu va nella citta sgomenta con
con quella squadra a ricompor la pace.

102. Yago, tú vas a la ciudad atemorizada,
a restablecer la paz.

Yago sale.

Si soccorra Montano.

Socorred a Montano.

Llevan a Montano al castillo.

Al proprio tetto ritorni ognun.
Io da qui non mi parto se pria
deserti gli spaldi.

Que todos regresen a sus hogares.
Yo de aquí no parto si antes no veo
desiertos los muelles.

Todos se retiran. Otello ordena regresar al castillo a los hombres con antorchas que lo habían acompañado.
Otello y Desdémona se quedan solos.

Escena Tercera
Desdémona se acerca a Otello quien la recibe amoroso.
Ambos se confunden en un abrazo intimo.

OTELLO

Già nella notte densa
s'estingue ogni clamor.
Già il mio cor fremebondo
s'ammansa in quest'amplesso.
È si rinsensa.
Tuoni la guerra e s'inabissi
il mondo, se dopo l'ira immensa
vien quest'immenso amor!

DESDEMONA

Mio superbo guerrier!
Quanti tormenti, quanti
mesti sospiri e quanta speme
ci condusse ai soavi abbracciamenti.
Oh! Com'è dolce il mormorare insieme:
Te ne rammenti?
Quando narravi l'esule tua vita
e i fieri eventi e i lunghi
tuoi dolor, ed io t'udia coll'anima
rapita, in quei spaventi e coll'estasi
In quei spaventi e coll'estasi in cor.

OTELLO

Pingea dell'armi il fremito,
la pugna e il vol gagliardo
alla breccia mortal, l'assalto,
orribil edera, coll'ugna al baluardo
e il sibilante stral.

DESDEMONA

Poi mi guidavi ai fulgidi deserti,
all'arse arene, al tuo materno suol;
narravi allor gli spasimi sofferti
e le catene e dello schiavo il duol.

OTELLO

lngentilia di lagrime la storia
io tuo bel viso e il labbro dì sospir;
scendean sulle mie tenebre
la gloria, il paradiso e gli astri a benedir.

103. Ya de la densa noche
se extingue todo el clamor.
Ya mi apasionado corazón
se tranquiliza y encuentra paz y sosiego
en éste abrazo.
¡Que estalle la guerra y se derrumbe
el mundo, sí después de la ira inmensa
sigue éste inmenso amor!

104. ¡Mi valiente guerrero!
Cuántos tormentos, cuántos
tristes suspiros y cuantas esperanzas
nos condujeron a éste suave abrazo.
¡Oh! ¿Cómo es dulce el murmurar juntos:
Te acuerdas?
Cuando narrabas tu vía en el exilio
y los fieros eventos y tus largas
penas, y yo te escuchaba con el alma
presa de aquellos suplicios con miedo
y con éxtasis en el corazón.

105. Por mi supiste del furor de las armas,
de las valerosas embestidas
en mortales batallas, de horribles asedios,
trepando castillos con las uñas
mientras silbaban las flechas.

106. Después me guiaste hacia vastos desiertos,
a las arenas ardientes de tu suelo materno;
me hablaste de los sufrimientos
y de las cadenas y del dolor de los esclavos.

107. Tu hermoso rostro embelleció
el relato con las lágrimas y con los suspiros;
de tus labios, descendían sobre mis tinieblas
la gloria, el, paraíso y los astros a bendecirme.

DESDEMONA
Ed io vedea fra le tue tempie oscure
splender del genio l'eterea beltà

108. Y yo supe adivinar en tu obscura frente
el resplandor y la etérea belleza del genio.

OTELLO
E tu m'amavi per le mie sventure
ed io t'amavo per la tua pietà.

109. Y tú me amaste por mis desventuras
y yo te amé por tu piedad.

DESDEMONA
Ed io t'amavo per le tue sventure
e tu m'amavi perla mia pietà.

110. Y yo te amé por tus desventuras
y tú me amaste por mi piedad.

OTELLO
Venga la morte! E mi colga
nell'estasi di quest'amplesso
il momento supremo!

111. ¡Que venga la muerte!
¡Y me encuentre en el momento
supremo de éste abrazo!

El cielo se ha serenado. Aparecen algunas estrellas y sobre la línea del horizonte irá surgiendo el azulado reflejo de la luna neciente.

Tale è il gaudio dell'anima che temo
temo che più non mi sarà concesso
quest'attimo divino nell'ignoto avvenir
del mio destino.

La dicha en mi alma es tal que temo
temo que el destino en el incierto futuro
no vuelva a concederme un instante
divino como éste.

DESDEMONA
Disperda il ciel gli affanni
e amor non muti col mutar
degl'anni.

112. Que el cielo disipe los temores
y que el amor no cambie con el cambio
de los años.

OTELLO
A questa tua preghiera "Amen" risponda
la celeste schiera.

113. Que a tu plegaria responda "Amen"
el cielo.

DESDEMONA
"Amen" risponda.

114. Que responda "Amen."

OTELLO
Ah! La gioia m'innonda si fieramente...
che ansante mi giaccio... Un bacio...

(Apoyándode en el parapeto de los muelles.)
115. ¡Ah! La felicidad me inunda de tal forma...
que necesito sostenerme... Un beso...

DESDEMONA
Otello!

116. ¡Otello!

OTELLO
Un bacio... ancora un bacio.

117. Un beso... dame otro beso.

(Incorporándose y mirando al cielo.)
Ya descienden las estrellas ardientes en el mar.

Già la pleiade ardente in mar discende.

DESDEMONA
Tarda è la notte.

118. Es tarde en la noche.

OTELLO
Vien... Venere splende.

119. Ven... Esplendorosa Venus.

DESDEMONA
Otello!

120. ¡Otello!

Abrazados se encaminan hacia el castillo.

Acto II

Escena Primera
Una sala en la parte baja del castillo.
Una pared vidriada la separa de un gran jardín. Un mirador.

YAGO

Non ti crucciar. Se credi a me,
tra poco farai ritorno al folleggianti
amori di Monna Bianca, aliterò capitano,
coll'elsa d'oro e col balteo fregiato.

CASSIO

Non lusingarmi.

YAGO

Attendi a ciò ch'io dico.
Tu dei saper che Desdemona è il Duce,
del nostro Duce, sol per essa ei vive,
Pregala tu, quell'anima cortese
per te interceda e il tuo perdono è certo.

CASSIO

Ma come favellarle?

YAGO

È suo costume girsene a meriggiar
fra quelle fronde colla consorte mia.
Quivi l'aspetta. Or t'è aperta la via
di salvazione, vanne.

(Desde el mrador, a Cassio.)

121.　No te atormentes. Si crees en mí,
en poco tiempo volverás a encontrarte
con el amor de Doña Blanca, convertido,
en gran Capitán blandiendo la empuñadura
dorada y ciñendo el cinturón del sable.

122.　No me adules.

123.　Oye bien lo que te digo.
Tú debes saber que nuestro General solo
vive para Desdémona, solo para ella él vive.
Ruégale a esa alma cortes
que interceda por ti y tu perdón será seguro.

124.　¿Pero cómo hablarle?

125.　Es su costumbre irse a descansar
entre aquellos árboles, con mi consorte.
Espérala allí. ¡Ahora está abierta la vía
de tal salvación, ahora ve!

Cassio se aleja.

Escena Segunda
Yago se queda solo y observa alejartse a Cassio.

YAGO

Vanne, la tua meta già vedo.
Ti spinge il tuo dimano,
e il tuo dimone son io.
E me trascina il mio, nel quale
io credo. Inesorato Iddio.

126.　Vete, ya veo tu meta.
Te impulsa tu demonio,
y tu demonio soy yo.
Y a mí me arrastra el mío en el cual
yo creo. Implacable Dios.

Se aleja del mirador.

YAGO (*continuato*)

Credo in un Dio crudel che
m'ha creato simile a sé,
e che nell'ira io nomo.
Dalla viltà d'un germe
o d'un atomo vile son nato.
Son scellerato
perché son uomo,
e sento il fango originario in me.
Si! quest'è la mia fè!
Credo con fermo cuor, siccome crede
la vedovella al tempio,
che il mal ch'io penso e che
da me precede, per il mio destino adempio.
Credo che il giusto
è un istrion beffardo,
e nel viso e nel cuor,
che tutto è in lui bugiardo,
lagrima, bacio, sguardo,
sacrificio ed onor.
E credo l'uom gioco d'iniqua sorte
dal germe della culla al verme dell'avel.
Vien dopo tanta irrision la Morte.
E poi? La Morte è il Nulla.
È vecchia fola il Ciel.

Creo en un Dios cruel que
me ha creado a su semejanza
y a quien en mi cólera yo invoco.
De la vida de un germen
o de un átomo vil he nacido.
Soy un canalla
porque soy humano,
y siento el fango original en mí.
¡Si ésta es mi fe!
Creo de todo corazón, así como cree
la viudita en el templo,
que el destino me ordena
los actos ruines que pienso y cometo.
Creo que el justo
es un hipócrita burlón,
en su rostro y en su corazón,
que todo es en él mentira,
lágrimas, besos, miradas,
sacrificio y honor.
Y creo al hombre, juguete de inicua suerte
desde el capullo de la cuna hasta los
gusanos de la sepultura.
Y que viene después de tanta vanidad la
Muerte. ¿Y después? La Muerte y la nada.
¡El cielo es una vieja mentira!

Se ve cruzar por el jardín a Desdémona acompañada por Emília.
Yago se acerca al mirador en donde también está Cassio.

Eccola Cassio a te...
Quest'è il momento.
Ti scuoti... vien Desdemona.

Allí está Cassio es toda tuya...
Este es el momento.
Date prisa... allí tienes a Desdémona.

Cassio va hacia Desdémona. La saluda y se le acerca.

S'è mosso, la saluta e s'avvicina.
Or qui si tragga Otello!
Aiuta, aiuta Satana il mio cimento!
Già conversano insieme...
Ed essa inclina,
sorridendo, il bel viso.
Mi basta un lampo sol di quel sorriso
per trascinare Otello alla ruina.
Andiamo!

Ya llegó, la saluda, se le acerca.
¡Ahora debo traer a Otello!
¡Ayúdame, ayúdame Satán en ésta prueba!
Ya están conversando juntos...
Y ella inclina,
sonriente su bello rostro.
Me bastaría sólo un destello de esa sonrisa
para arrastrar a Otello a la ruina.
¡Vamos!

Se dirige hacia la puerta y se detiene de improviso.

YAGO (*continuato*)
Ma il caso in mio favor s'adopra.
Eccolo... al posto...
all'opra.

El caso está a mi favor.
Aquí viene... ocupemos el puesto...
manos a la obra.

Se coloca inmóvil en el mirador, observando fijamente al jardin en donde están Cassio y Desdémona.

Escena Tercera
Simulando no haber visto a Otello que se acerca. Finge hablar para si.

YAGO
Ciò m'accora.

127. Esto no me gusta.

OTELLO
Che parli?

128. ¿Qué dices?

YAGO
Nulla... voi qui?
Una vana voce m'uscì dal labbro...

129. ¿Nada... usted aquí?
Musitaban palabras sin sentido...

OTELLO
Colui che s'allontana
dalla mia sposa, è Cassio?

130. ¿Es Cassio el que se aleja
de mi esposa?

YAGO
Cassio? No... quei si scosse
come un reo nel vedervi.

131. ¿Cassio? No... quien haya sido
corrió como culpable al verlo a usted.

OTELLO
Credo che Cassio ei fosse.

132. Creo que fue Cassio.

YAGO
Mio signore...

133. Señor mío...

OTELLO
Che brami?

134. ¿Qué quieres?

YAGO
Cassio nei primi dì del vostro amor,
Desdemona non conosceva?

135. ¿Cassio conocía a Desdémona
cuando usted comenzó a amarla?

OTELLO
Si. Perché fai tale inchiesta?

136. Si. ¿Porque lo preguntas?

YAGO
Il mio pensiero è vago d'ubbie,
non di malizia.

137. Los presentimientos y no la malicia
me hacen tener ideas confusas.

OTELLO
Di il tuo pensiero, Jago.

138. Expresa tus pensamientos, Yago.

YAGO
Vi confidaste a Cassio?

139. ¿Usted confió en Cassio?

27

OTELLO
Spesso un mio dono o un cenno
portava alla mia sposa.

YAGO
Dassenno?

OTELLO
Si, dassenno.
Nol credi onesto?

YAGO
Onesto?

OTELLO
Che ascondi nel tuo core?

YAGO
Che ascondo in cor, signore?

OTELLO
"Che ascondo, in cor signore?"
Pel cielo! Tu sei l'eco dei detti miei
nel chiostro dell'anima ricetti qualche
terribil mostro.
Si, ben t'udii poc'anzi mormorar:
"Ciò m'accora."
Ma di che t'accordavi?
Nomini Cassio e allora tu corrughi la fronte.
Suvvia, parla, se m'ami.

YAGO
Voi sapete ch'io v'amo.

OTELLO
Dunque, essenza velami t'esprim!
e senza ambagi. T'esca fuor dalla gola
il tuo pii rio pensiero colla più ria parola!

YAGO
S'anco teneste in mano tutta
l'anima mia, nol sapreste.

OTELLO
Ah!

140. A menudo lo envié a llevarle un regalo
o un mensaje a mi esposa.

141. ¿Deberás?

142. Si, deberás.
¿No lo crees honesto?

143. ¿Honesto?

144. ¿Qué ocultas en tu corazón?

145. ¿Qué oculto en mi corazón, señor?

146. "¿Qué oculto en el corazón, señor?"
¡Por el cielo! No eres más que el eco de mis
palabras, en el fondo de tu alma encubres
a un terrible monstruo.
Si, te oí murmurar hace poco:
"Esto o me gusta."
¿Qué es lo que no te gusta?
Menciono a Cassio y frunces el entrecejo.
Vamos, si me aprecias, habla.

147. Usted sabe que lo aprecio.

148. Pues entonces exprésate claramente
claramente y sin ambages que salgan
de tu garganta tus malévolos pensamientos
con tus más malévolas palabras.

149. Aunque usted tuviera en su mano mis
pensamientos, no lo sabría.

150. ¡Ah!

Yago ha clavado la primera espina en el alma de Otello.

YAGO

Temete signor, la gelosia!
È un'idra fosca, livida, cieca
col suo veleno sé stessa attosca,
vivida piaga le squarcia il seno.

OTELLO

Miseria mia!
No il vano sospettar nulla giova.
Pria del dubbio l'indagine, dopo
il dubbio la prova, dopo la prova:
amore e gelosia vadan dispersi insieme!

YAGO

Un tal proposto spezza di mie
labbra il suggello.
Non parlo ancor di prova,
pur, generoso Otello, vigilate, soventi
le oneste e ben create coscienze
non sospettano la frode: vigilate.
Scrutate le parole di Desdemona,
un detto può ricondur la fede, può
affermare il sospetto... eccola, vigilate...

(En voz baja y acercándose mucho a Otello.)

151. ¡Cuídese de los celos, señor!
Es una hidra obscura, lívida, ciega
que se envenena a si misma con su ponzoña,
horrible plaga que desgarra el pecho.

152. ¡Miseria mía!
No, es en vano sospechar.
¡Antes de dudar, hay que indagar, después
de dudar, la prueba, después de la prueba:
adiós al amor y a los celos!

153. Tal razonamiento me ahorra
toda advertencia.
Todavía no hablo de pruebas,
pero generoso Otello, vigile, a menudo
los espíritus bondadosos y honestos
no sospechan el engaño: vigile.
Escrute las palabras de Desdémona,
una palabra puede restaurar la confianza o
confirmar sus sospechas... ahí viene, vigile...

Desdémona, por el fondo arbolado, vuelve a aparecer en el jarclín, la rodean mujeres isleñas, niños, marineros chipriotas y afbaneses, quienes se le acercan y le ofrecen flores y otros obsequios. Algunos cantan acompañándose con mandolinas y otros con pequeñas arpas que llevan al hombro.

CORO

Dove guardi splendono
raggi avvampa cuori,
dove passi scendono
nuvole di fiori.
Qui fra gigli e rose,
come a un casto altare,
padri, bimbi, spose
vengono a cantar.

154. A donde miras se hace la luz
y se encienden los corazones,
por donde pasas, descienden
nubecillas de flores.
Aquí entre lirios y rosas
como en un casto altar
padres, niños, esposas
vienen a cantar.

Esparciendo lirios por el suelo.

NIÑOS

T'offriamo il giglio,
soave stel
che in man degl'angeli
fu assunto in ciel,
che abbella il fulgido
manto e la gonna
della Madonna
e il santo vel!

155. ¡Te ofrecemos los lirios,
suave estrella
que las manos de los ángeles
juntaron en el cielo,
que embellecen el luminoso
manto la túnica
y el santo velo
de la Virgen!

CORO
Mentre all' aura vola
lieta la canzon
l'agile mandola
ne accompagna il son.

MARINEROS

A te le porpore
le perle e gli ostri
nella voragine colti al mar.
Vogliam Desdemona
coi doni nostri
come un'immagine
sacra adimar.

NIÑOS Y MUJERES
Mentre all' aura vola
lieta la canzon,
l'agile mandola
ne accompagna il son.

MUJERES
A te la florida messe dei grembi
a nembi, a nembi spargiamo al suolo.
L'April circonda
la sposa bionda d'un etra rorida
che vibra al sol.

NIÑOS Y MARINEROS
Mentre all' aura vola
lieta la canzon, l'agile mandola
ne accompagna il suon.

TODOS
Dove guardi splendono
raggi avvampa cuori
dove passi scendono nuvole di fiori.
Qui fra gigli e rose
come a un casto altare
padri, bimbi, spose
vengono a cantar.

DESDEMONA
Splende il cielo
danza l'aura, olezza il fior.
Gioia, amor, esperanza
cantan nel mio cor.

156. Mientras la alegre canción
vuela a los aires
la acompaña el ágil sonido
de una mandolina.

(Ofreciéndo a Desdémona collares
157. *de coral y perlas.)*

Para ti el coral púrpura
y las perlas de las ostras
que en la vorágine tomamos del mar.
Queremos Desdémona
con nuestros regalos
adornarte como a
una imagen sagrada.

158. Mientras a los aires vuela
alegre la canción,
la ágil mandolina
la acompaña con su sonido.

(Esparciendo flores.)
159. Para ti los más bellos retoños
que a tú alrededor esparcimos
la primavera rodea a la esposa rubia
con un halo de recio,
que refulge al sol.

160. Mientras la alegre canción vuela a los aires
la acompaña una ágil mandolina
con su sonido.

161. Ahí donde miras se hace la luz y se
encienden los corazones por donde
pasas descienden nubecitas de flores.
Aquí, como en un casto altar
entre lirios y rosas
padres, niños y esposas
vienen a cantar.

162. El cielo resplandece
danzan los aires, las flores perfuman.
La alegría, el amor, la esperanza
cantan en mi corazón.

CORO
Vivi felice! Addio.
Qui regna amor.

163. ¡Que vivas muy feliz! Adiós.
Aquí reina el amor.

OTELLO
Quel canto mi conquide.
S'ella m'inganna,
il ciel se stesso irride!
Quel canto mi conquide.

(Enternecido.)
164. Ese canto me conquista.
¡Si ella me engañara,
ni el cielo podría creerlo!
Ese canto me conquista.

YAGO
Beltà ed amor in dolce
inno concordi!
I vostri infrangerò
soavi accordi.

(Para si.)
165. ¡Belleza y amor en dulce
himno concuerdan!
Yo romperé vuestras
suaves armonías.

*Al finalizar el coro, Desdémona besa las cabezas de algunos niños
y algunas mujeres le besan la orla del vestido.
Ella entrega una bolsita a los marineros. El coro se aleja,
Desdémona seguida por Emília, entra en la sala y va hacia Otello.*

Escena Cuarta

DESDEMONA
D'un uom che geme sotto
il tuo disdegno la preghiera ti porto.

166. Te traigo la súplica de un hombre
que sufre por tu desdén.

OTELLO
Chi è costui?

167. ¿Quién es él?

DESDEMONA
Cassio.

168. Cassio.

OTELLO
Era lui che ti parlava sotto quelle fronde?

169. ¿Era él quien te hablaba bajo aquellos
árboles?

DESDEMONA
Lui stesso, e il suo dolor che in me
s'infonde tant'è verace che di grazia
è degno.
Intercedo per lui, per lui ti prego.
tu gli perdona.

170. El mismo, y su dolor tan hondo y sincero
me conmovió tanto, que gracia te pido
para él.
Intercedo por él.
Te pido perdón para él.

OTELLO
Non ora.

(Con rudeza.)
171. Ahora no.

DESDEMONA
Perché torbida suena la voce tua?
Qual pena t'addolora?

172. ¿Porque suena tan áspera tu voz?
¿Qué pena te aflige?

31

OTELLO
M'ardon le tempie...

173.   Me arden las sienes...

Desplegando un pañuelo para enjugarle la frente a Otello.

DESDEMONA
Quell'ardor molesto, svanirà, se con questo
morbido lino la mia man ti fascia.

174.   Ese ardor molesto se desvanecerá si me
dejas deslizarte éste suave pañuelo.

OTELLO
Non ho d'uopo di ciò!

(Arroja al suelo el pañuelo.)
175.   ¡No me hace falta!

DESDEMONA
Tu sei crucciato, Signor!

176.   ¡Algo te atormenta, Señor!

OTELLO
Mi lascia! Mi lascia!

177.   ¡Déjame! ¡Déjame!

Emilia recoge el pañuelo del suelo.

DESDEMONA
Se inconscia, contro te, sposo,
ho peccato, dammi la dolce
e lieta parola del perdono.

178.   Si inconsciente, contra ti,
esposo he pecado, dame fa dulce
y alegre palabra del perdón.

OTELLO
Forse perché gli inganni d'arguto amor
non tendo.

(Para si.)
179.   Quizá porque soy tosco para las sutilezas
del amor.

YAGO
Quel vel mi porgi ch'or hai raccolto.

(En voz baja a Emilía.)
180.   Dame el pañuelo que recogiste.

EMILIA
Qual frode scorgi? Ti leggo in volto.

(A Yago, en voz baja.)
181.   ¿Qué maldad planeas? lo leo en tu rostro.

DESDEMONA
La tua fanciulla io sono, umile e mansueta.

182.   Soy tu muchacha, humilde y suave.

OTELLO
Forse perché discendo nella
valle degl'anni...

183.   Quizás porque los años ya pesan sobre
mis espaldas...

YAGO
T'opponi a voto quand'io comando.

184.   No te opongas cuando te ordeno algo.

EMILIA
Il tuo nefando livor m'è noto.

185.   Tu funesta envidia es evidente.

DESDEMONA
Ma il labbro tuo sospira.
Hal l'occhio fisso al suol.

186.   Pero tus labios superan.
Tienes los ojos fijos en el suelo.

YAGO
Sospetto insano!

187. ¡Sospechas insanas!

EMILIA
Guardia fedel è questa mano.

188. Su guardián fiel es ésta mano.

OTELLO
Forse perché ho sul viso
quest'atro tenebror.

189. Quizás porque tengo sobre
el rostro un color obscuro.

YAGO
Dammi quel vel!

190. ¡Dame ese pañuelo!

Aferra con violencia el brazo de Emilia.

Su te l'irosa mia man s'aggrava!

¡Mi airada mano te oprime!

DESDEMONA
Guardami in volto e mira...

191. Mí rama a la cara y observa...

EMILIA
Son la tua sposa, non la tua schiava.

192. Soy tu esposa, no tu esclava.

YAGO
La schiava impura tu sei di Jago.

193. Eres la esclava impura de Yago.

DESDEMONA
... come favella amor.

194. ... como expresa mi amor.

EMILIA
Ho il cor presago d'una sventura.

195. Tengo en el corazón el presagio de una
desgracia.

YAGO
Ne mi paventi?

196. ¿Me tienes miedo?

EMILIA
Uomo crudel!

197. ¡Hombre cruel!

DESDEMONA
Vien ch'io t'allieti il core,
ch'io ti lenisca il duol.

198. Ven permíteme alegrarte el corazón,
y aliviar tu dolor.

YAGO
A me...

199. Dámelo...

EMILIA
Che tenti?

200. ¿Qué intentas?

YAGO
A me quel vel!

201. ¡Dame el pañuelo!

Con un rápido movimiento, Yago le arrebata el pañuelo a Emilia.

EMILIA
Vinser gli artigli truci e codardi.
Dio dai perigli sempre ci guardi.

202. Dios, guárdanos de los peligros y defiéndenos de las garras miserables y cobardes.

OTELLO
Ella è perduta e irriso to sono e il core infrango e ruinar nel fango vedo il mio sogno d'or.

203. Ella ha pecado y se ha burlado de mí, destrozándome el corazón. Veo a mi sueño dorado arrastrarse en el fango.

YAGO
Già la mia brama conquido,
ed ora su questa trama Jago lavora!

204. ¡Ya he conseguido mi prueba,
y ahora ya en ésta trama Yago trabaja!

DESDEMONA
Dammi la dolce e lieta parola del perdoni.

205. Dame la dulce y alegre palabra del perdón.

OTELLO
Escite! Solo vo'restar.

(A todos.)
206. ¡Salgan! Quiero estar solo.

YAGO
Ti giova tacer. Intendi?

(A Emilia, en voz baja.)
207. Te conviene callar. ¿Comprendes?

Emilia y Desdémona salen. Yago finge salir por la puerta del fondo, pero una vez llegado ahí se detiene.

Escena Quinta

OTELLO
Desdemona rea!

(Atríbulado, sentado en un sillón.)
208. ¡Desdémona es culpable!

En el fondo, observando a hurtadillas el pañuelo.

YAGO
Con questi fili tramerò la prova del peccato d'amor.
Nella dimora di Cassio ciò s'asconda.

209. Con éste paño tramaré la prueba del pecado de amor.
Lo ocultaré en la morada de Cassio.

OTELLO
Atroce idea!

210. ¡Atroz idea!

YAGO
Il mio velen lavora.

(Mirando a Otello.)
211. Mi veneno trabaja.

OTELLO
Rea contra me! Centro me!

212. ¡Me engañó! ¡Me engañó!

YAGO
Soffri e ruggi!

213. ¡Sufre y retuércete!

OTELLO
Atroce! Atroce!

214. ¡Atroz! ¡Atroz!

YAGO

Non pensateci più.

OTELLO

Tu? Indietro! Fuggi!
M'hai legato alla croce!
Ahimè! Più orrendo d'ogni
orrenda ingiuria dell'ingiuria
è il sospetto.
Nell'ore arcane della sua lussuria
(È a me furate!) M'agitava il petto
forse un presagio? Ero baldo, giulivo
nulla sapevo ancor, io non sentivo
sul suo corpo divin che m'innamora
e sui labbri mendaci gli ardenti baci
di Cassio! Ed ora! ... Ed ora...
Ora e per sempre addio, sante memorie,
addio sublimi incanti del pensier!
Addio schieri fulgenti, addio vittorie,
dardi volanti e volanti corsier!
Addio, vessillo trionfale e poi,
E diane squillanti in sul mattin!
Clamori e canti di battaglia, addio!
Della gloria d'Otello è questo il fin.

YAGO

Pace, Signor.

OTELLO

Sciagurato! Mi trova una prava secura
che Desdemona è impura...
Non sfuggir! Non sfuggir! Nulla ti giova!
Vo' una secura, una visibil prova!
O sulla tua testa s'accenda e precipiti
il fulmini del mio spaventoso furor
che si desta!

Afferra a Yago por la garganta y lo hace arrodillarse.

YAGO

Divina grazia, difendimi!

Il cielo vi protegga.
Non son più vostro alfiere.
Voglio che il mondo testimon mi sia
che l'onestà è periglio.

OTELLO

No rimani. Forse onesto tu sei.

(A Otello, bondadosamente.)

215. No piense más en ello.

(Dando un respingo.)

216. ¡Tu? ¡Atrás! ¡Vete!
¡Me has atado a la cruz!
¡Ay! Más horrible que todas
las horribles afrentas
es la sospecha de la afrenta.
¿En las horas secretas de su lujuria
(¡Que me robar ori!) algo se agitaba en mi
pecho, era un presagio? ¡Yo era alegre,
feliz, nada sabía aun, no percibía en su
divino cuerpo que me enamora, ni en sus
engañosos labios, los ardientes besos
de Cassio! ¡Pero ahora!... ¡Ahora...
ahora y para siempre sagrado recuerdo
adiós, sublimes encantos del pensamiento!
¡Adiós valerosos batallones, adiós victorias,
hechas veloces y veloces corceles!
¡Adiós, triunfante y santo estandarte,
adíes a los clarines que suenan por la
mañana! ¡Fragor y cantos de batalla, adiós!
Este es el fin de la gloria de Otello.

Tenga paz, Señor.

217. ¡Desgraciado! Encuentra una prueba segura
de que Desdémona es impura...
¡Y no lo eludas! ¡No lo eludas!
¡Que de nada te servirá!
¡Quiero una prueba segura y visible!
¡Si no la hallas; el rayo del terrible furor
que en mi despierta cara sobre tu cabeza!

218. ¡Divina gracia, defiéndeme!

(Vuelve a incorporarse.)
Que el cielo lo proteja.
Ya no seré su alférez.
Quiero que el mundo sea testigo de
que la honestidad es un peligro.

219. No, quédate. Quizás eres honesto.

YAGO
Meglio avrebbe ch'io fossi un ciurmador.

(En el umbral, fingiendo irse.)
220. Más me valdría ser un embustero.

OTELLO
Per l'universo!
Credo leale Desdemona e credo
che non lo sia. Te credo onesto
e credo disleale...
La prova io voglio! Voglio la certezza!

221. ¡Por el universo!
Creo leal a Desdémona y creo
que no lo es. Te creo honesto
y te creo desleal...
¡Quiero la prueba! ¡Quiero la certeza!

YAGO
Signor, frenate l'anzi.
E qual certezza v'abbisogna?
Avvinti, vederli forse?

222. Señor, calme sus ansías.
¿Cuál certeza le hace falta?
¿Acaso verlos abrazados?

OTELLO
Ah, la morte e dannazione!

223. ¡Ah, muerte y maldición!

YAGO
Ardua impresa sarebbe; e qual certezza
sognate voi se quell'immondo fatto
sempre vi sfuggirà?
Ma pur se guida è la ragione al vero,
una si forte congettura riserbo
che per poco alla certezza vi conduce.

224. ¡Sería una tarea ardua; qué certeza exige
pues, si tal inmundo hecho ocurrirá
siempre a sus espaldas?
Sin embargo si la razón no me engaña,
conjeturo algo
que puede conducirlo a la certeza.

En voz baja y acerándose mucho a Otello.

Udite:
Era la notte, Cassio dormia, gli stavo
accanto. Con interrote voci tradia
l'intimo incanto, le labbra lente, lente
movea, nell'abbandono del sogno
ardente, e allor dicea, con flebil suono:
"Desdemona soave! Il nostro amor
s'asconda. Cauti vegliamo!
L'estasi del ciel tutto m'inonda."
Seguia più vago l'incubo blando, con
molle angoscia, l'interna imago quasi
baciando, ei disse poscia: "Il rio destino
impreco che al Moro ti donò."
E allora il sogno in cieco letargo si mutò.

Escuche:
Era de noche, Cassio dormía y yo estaba
junto a él. Con voz entrecortada traicionaba
su íntima felicidad, abandonado a su
ardiente sueño, movía los labios,
lentamente, decía con tono febril:
"¡Suave Desdémona! Que nadie descubra
nuestro amor. ¡Seamos cautos!
El éxtasis del cielo me inunda."
Su dulce pesadilla continuaba más vaga
y luego angustiado, como si quisiera besar
las imágenes que dentro de si se formaban
dijo: "Maldigo al destino infausto que te
entregó al Moro." Luego su sueño se volvió
un letargo profundo.

OTELLO
Oh, mostrosa colpa!

225. ¡Oh, monstruoso delito!

YAGO
Io non narrai che un sogno.

226. No te he narrado más que un sueño.

OTELLO

Un sogno che rivela un fatto.

YAGO

Un sogno che può dar forma di prova,
ad altro indizio.

OTELLO

E qual?

YAGO

Talor vedaste in mano di Desdemona
un tessuto trapunto a fior e più
sottil d'un velo?

OTELLO

È il fazzoletto ch'io le diedi,
pegno primo d'amor.

YAGO

Quel fazzoletto ieri (certo ne son)
lo vidi in man di Cassio.

OTELLO

Ah, mille vite gli donasse Iddio!
Une è povera preda al furor mio!
Jago, ho il cor di gelo.
Lungi da me le pietose larva!
Tutto il mio vano amor esalo al celo,
guardami, ei sparve.
Nelle sue spire d'angue l'idra m'avvince!
Ah, sangue, sangue, sangue!

Si, pel cielo marmoreo giuro!
Per le attorte folgor!
Per la morte e per l'oscuro
mar sterminator!
D'ira e d'impeto tremendo presto fia che
sfolgori questa man ch'io levo e stendo!

227. Un sueño que revela un hecho.

228. Un sueño que puede dar forma de prueba,
      a otro indicio.

229. ¿Cuales?

230. ¿Quizás vio usted entre las manos
      de Desdémona pañuelo bordado
      en flores y más fino que un velo?

231. Es el pañuelo que le regalé,
      mi primer testimonio de amor.

232. Ayer vi ese pañuelo (estoy seguro)
      entre las manos de Cassio.

233. ¡Ah, Dios le diera mil vidas a Cassio para
      arrancárselas todas!
      Yago, tengo el corazón congelado.
      ¡Lejos de mí los sentimientos piadosos!
      Todo el vano amor se fue al cielo,
      mira, ya se evapora.
      ¡El odio cual fatal áspid, me vence!
      ¡Ah, sangre, sangre, sangre!

      (Se arrodilla.)
      ¡Si, por el cielo de mármol, lo juro!
      ¡Por los temibles relámpagos!
      ¡Por la muerte y por el obscuro
      mar exterminador!
      ¡Esta mano, que alzo y extiendo
      será pronto furibunda vengadora!

Levanta la mano al cielo.
Otello comienza a incorporarse, Yago lo detiene y se arrodilla junto a él.

YAGO
Non v'alzate ancor!
Testimon è il Sol ch'io miro, che m'irradia
e inanima, l'ampia terra e il vasto spiro
del Creato inter, che ad Otello lo sacro
ardenti, core, braccio ed anima, s'anco
ad opere cruenti s'armi il suo voler.

234. ¡Aún no se levante!
Testigos son el Sol que miro, que me da
vida e ilumina, la inmensa tierra y toda
la creación, que a Otello me consagro
con fervor, y que le ofrezco mi corazón,
mis brazos y mi alma, aun si debiera
acometer acciones cruentas.

Elevando las manos al cielo como en un juramento.

YAGO Y OTELLO
Si, pel ciel marmoreo giuro!
Per le attorte folgori!
Por la morte e per l'oscuro
mar sterminator!
D'ira e d'impetu tremendo presto fia che
sfolgori questa man ch'io levo e stendo.
Dio vendicator!

235. ¡Si, lo juro por el cielo de mármol!
¡Por los temibles relámpagos!
¡Por la muerte y por el oscuro
mar exterminador!
¡Esta mano, que alzo y extiendo,
será pronto furibunda vengadora!
¡Dios vengador!

Acto III

La sala mayor del castillo. A la derecha se extiende una gran hilera de columnas,
detras de ella una sala de menores proporciones y al fondo un mirador.

Escena Primera
Llega un heraldo y se dirige a Otello quien está en la sala con Yago.

HERALDO
La vedetta del porto ha segnalato
la veneta galea che a Cipro
adduce gli ambasciatori.

236. El vigía del puerto ha divisado
al navío veneciano que trae a
Chipre a los embajadores.

OTELLO
Bene sta.

237. *(Le hace una señal al heraldo*
para que se retire.)

Continua.

(A Yago)
Continua.

YAGO
Qui trarrò Cassio e con astute inchieste
lo adescherò a ciarlar. Voi là nascosto
scrutati i modi suoi, le sue parole, i lazzi
i gesti. Paziente siate o la preva si sfugge
Ecco Desdemona. Finger conviene.
Io vado.

238. Traeré aquí a Cassio y con preguntas
lo haré hablar. Usted se esconderá allí y
estudiará su comportamiento, sus palabras,
sus muecas, sus gestos. Sea paciente o la
prueba se esfumará. ¡Aquí viene
Desdémona! Yo me voy.

Se aleja como para írse, pero se detiene y vuelve hacia Otello.

Il fazzoletto...

El pañuelo...

OTELLO
Va! Volentieri obliato l'avrei.

239. ¡Vete! Ojalá lo pudiera olvidar.

Yago sale.

Escena Segunda
Desdémona desde la puerta de la izquierda.

DESDEMONA
Dio ti giocondi,
o sposo dell'alma mia sovrano.

240. Dios te colme de dicha,
esposo y soberano del alma mía.

OTELLO

Grazie, madonna, datemi la vostra eburnea
mano. Caldo mador ne irroda la morbida
beltà.

DESDEMONA

Essa ancor l'orme ignora del duelo e dell'età.

OTELLO

Eppur qui annida il demone gentil del mal
consiglio, che il vago avorio allumina del
piccioletto artiglio.
Mollemente alla prece s'atteggia
e al pio fervore...

DESDEMONA

Eppur con questa mano io v'ho donato
il core.
Ma riparlar vi debbo di Cassio.

OTELLO

Ancor l'ambascia del mio morbo m'assale;
tu la fronte mi fascia.

DESDEMONA

A te.

OTELLO

No, il fazzoletto voglio ch'io ti donai.

DESDEMONA

Non l'ho meco.

OTELLO

Desdemona, guai se lo perdi! Guai!
Una possente maga ne ordina lo stame arcano.
Ivi è riposta l'alta mala d'un talismano.
Bada! Smarrirlo, oppur donarlo,
è ria sventura.

DESDEMONA

Fra poco... Lo cercherò...

OTELLO

No, tosto!

DESDEMONA

Tu di me ti fai gioco. Storni cosi l'inchiesta
di Cassio, astuzia e questa del tuo pensier.

(Va al encuentro de ella y la toma de la mano.)
Gracias, señora, deme su blanca mano.
Oh, tan bella mano está llena de humedad.

241. Pero aún no conoce los pesares ni la edad.

242. Sin embargo, en ella anida el malicioso
demonio del mal consejo, y que en
pezuña transforma el bello marfil.
A la plegaria y al fervor devoto
debería entregarse...

243. Fue con ésta mano que le ofrendé
mi corazón.
Pero quiero volver a hablarle de Cassio.

244. Aún persiste en mí la angustia de la fiebre;
enjúgame la frente.

(Le dá un pañuelo.)
245. Ten.

246. No quiero el pañuelo que yo te regalé.

247. No lo llevo conmigo.

248. ¡Desdémona, ay de ti si lo has perdido!
¡Ay de ti! Era de una maga poderosa que
podía leer el pensamiento. Corno
un talismán poseía ocultos hechizos.
¡Cuídate! Perderlo o darlo,
traería tristes desventuras.

249. En un momento... Lo buscaré...

250. ¡No, ahora mismo!

251. Te burlas de mí. Así eludes el pedido
de Cassio, es un ardid el que estás usando.

OTELLO
Pel cielo! L'anima mia si desta!
Il fazzoletto...

252. ¡Por el cielo! ¡Mi alma se agita!
El pañuelo...

DESDEMONA
È Cassio l'amico tuo diletto.

253. Cassio es tu mejor amigo.

OTELLO
Il fazzoletto!

254. ¡El pañuelo!

DESDEMONA
A Cassio perdona...

255. Perdona a Cassio...

OTELLO
Il fazzoletto!

256. ¡El pañuelo!

DESDEMONA
Gran Dio!
Nella tua voce v'è un grido di minaccia!

257. ¡Gran dios!
¡Un grito amenazador hay en tus palabras!

OTELLO
Alza quell'occhio!

258. ¡Déjame ver tus ojos!

Con fuerza la toma por los hombros, obligándola a mirarlo.

DESDEMONA
Atroce idea!

259. ¡Qué idea tan atroz!

OTELLO
Guardami in faccia! Dimmi chi sei!

260. ¡Mírame a la cara! ¡Dime quien eres tú!

DESDEMONA
La sposa fedel d'Otello.

261. La fiel esposa de Otello.

OTELLO
Giura! Giura e ti danna...

262. ¡Júralo! Júralo y condénate...

DESDEMONA
Otello fedel mi crede.

263. Otello me cree fiel.

OTELLO
Impura ti credo.

264. Pérfida te creo.

DESDEMONA
Iddio m'aiuti!

265. ¡Que Dios me ayude!

OTELLO
Corri alla tua condanna, di' che sei casta.

266. Corre a tu condena, di que eres casta.

Mirándolo fijamente.

DESDEMONA
Casta... io son...

267. Soy casta...

OTELLO
Giura e ti danna!

268. ¡Júralo y condénate!

DESDEMONA
Esterrefatta fisso lo sguardo tuo tremendo in te parla una Furia, la sento e non l'intendo.
Mi guarda! Il volto e l'anima ti svelo, il core infranto mi scruta... io prego il cielo per te con questo pianto.
Per te con queste stille cocenti aspergo il suol.
Guarda le prime lagrime che da me spreme il duol.

269. Aterrorizada miro tu horrible mirada en ti habla una Furia, la oigo y no la entiendo.
Mírame, mi rostro y mi alma se abren a ti, observa mi corazón destrozado, yo ruego al cielo por ti con éste llanto.
Por ti derramo éstas ardientes lágrimas.
Las primeras que el dolor me hace verter.

OTELLO
S'or ti scorge il tuo demone, un angelo ti crede e non t'afferra.

270. Si viniera el demonio, te creería un ángel y no te llevaría.

DESDEMONA
Vede l'terno la mia fede!

271. ¡El Eterno ve mi fe!

OTELLO
No! La vede l'inferno.

272. ¡No! La ve el infierno.

DESDEMONA
La tua giustizia impetro, sposo mio!

273. ¡Imploro tu justicia, esposo mío!

OTELLO
Ah, Desdemona! Indietro, indietro, indietro!

274. ¡Ah, Desdémona! ¡Atrás, atrás, atrás!

DESDEMONA
Tu pur piangi?
E gemendo freni del cor lo schianto e son io l'innocente cagion di tanto pianto?
Qual è il mio fallo?

275. ¿También tú lloras?
¿Y tratabas de contener, gritando la aflicción de tu alma y soy yo la inocente causa de tanto llanto? ¿Cuál fue mi falta?

OTELLO
E il chiedi?
Il più nero delitte sovra il candido giglio della tua fronte è scritto.

276. ¿Y aun me lo preguntas?
Sobre el puro lirio de tu frente está escrito el más negro de los delitos.

DESDEMONA
Ahimè!

277. ¡Ay!

OTELLO
Che? Non sei forse una vil cortigiana?

278. ¿Qué? ¿No eres acaso una vil cortesana?

DESDEMONA
Ciel! No, no...
pel battesimo della fede cristiana! ...

279. ¡Cielos! ¡No, no...
por el bautismo de la fe cristiana! ...

OTELLO
Che?

280. ¿Como?

DESDEMONA

Non son ciò che esprime
quella parola orrenda.

281. No soy lo que expresa
esa palabra horrible.

*Otello, pasando rápidamente de la ira a la más terrible calma de la ironía,
toma a Desdémona por la mano y la conduce a la puerta por la cual entró.*

OTELLO

Datemi ancor l'eburnea mano,
vo' fare ammenda. Via credea
(perdonate se il mio pensiero è fello)
quella vil cortigiana che è la sposa d'Otello.

282. Vuelve a darme tu blanca mano,
quiero disculparme. Te tomé
(perdóname mi malévolo pensamiento) por
esa vil cortesana que es la esposa de Otello.

*Con las últimas palabras, sobre el umbral de la puerta Otello empuja con su brazo
a Desdémona, forzándola a irse.
Luego regresa al centro de la escena, súmamante abatido.*

Escena Tercera

OTELLO

Dio! Mi potevi scagliar tutti i mali
della miseria, della vergogna, far de'
miei baldi trofei trionfali una maceria
una menzogna... E avrei portato la
croce crudel d'angosce e d'onte con
calma fronte e rassegnato al volere del ciel.

Ma, o pianto, o duol! m'han rapito il
miraggio, dov'io, giulivo, l'anima acqueto.

Spento è quel sol, quel sorriso, quel raggio
che mi fa vivo, che mi fa lieto!

Tu al fin, Clemenza, pio genio immortal dal
roseo riso, copri il tuo viso santo
coll'orrida larva infernal.

283. ¡Dios! ¡Podías haber precipitado sobre mí
todos los males de la miseria, de la vergüen-
za, haber reducido a escombros mis glorió
sus trofeos de batalla! ...Y haber llevado la
cruel cruz de angustia y deshonra con la
frente alta, resignado a la voluntad del cielo.

¡Pero oh llanto, oh dolor! Me han hurtado
la ilusión en la que mi alma jubilosa
hallaba sosiego.

¡Apagado está ese sol, esa sonrisa, ese rayo
que me mantiene vivo y feliz!

Hasta tu Clemencia, inmortal divinidad de
rosada sonrisa, te cubres el rostro con
el horrible manto del infierno.

Escena Cuarta

OTELLO

Ah, Dannazione!
Pria confessi il delitto e poscia muoia!
Confession, confession! ...

284. ¡Ah, condenación!
¡Que primero confiese el delito y luego
muera! ¡Confesión, confesión! ...

Entra Yago.

OTELLO

La prova!

¡La prueba!

Señalando la entrada.

YAGO
Cassio è la!

285. ¡Ahi viene Cassio!

OTELLO
La? Cielo! Oh gioia!
Orror! Supplizi immondi!

286. ¿Viene? ¡Cielos! ¡Qué felicidad!
¡Horror! ¡Infames suplicios!

YAGO
Ti frena! Ti nascondi!

287. ¡Serénate! ¡Escóndete!

Rápidamente conduce a Otello hacia el fondo junto a la puerta del mirador. Luego corre hacia el exrtremo de la hilera de columnas, donde se encuentra a Cassio, quien duda antes e entrar.

Escena Quinta

YAGO
Vieni, l'aula è deserta. T'inoltra, o Capitano.

288. *(A Cassio)*
Ven, la sala está desierta. Pasa Capitán.

CASSIO
Questo nome d'onor suena ancor vano
per me.

289. Tal título de honor aun suena inútil
para mí.

YAGO
Fa cor, la tua causa è in tal mano
che la vittoria e certa.

290. Ten valor, tu causa está en tales manos
que la victoria es segura.

CASSIO
Lo qui credea di ritrovar Desdemona.

291. Creí que encontraría aquí a Desdémona.

OTELLO
Ei la nomò.

292. *(Escondido.)*
El la nombró.

CASSIO
Vorrei parlarle ancora,
per saper se la mia grazie è profferta.

293. Quisiera hablarle de nuevo,
para saber si mi petición fue presentada.

YAGO
L'attendi.

294. Espérala.

Lleva a Cassio junto a la primera columna de la hilera.

E intanto, giacché non si stanca mai la tua
lingua nelle fola gaie, narrami un po' di lei
t'innamora.

Y mientras tanto, ya que nunca se fatiga tu
lengua de narrar tus alegrías, cuéntame de
esa persona de quien estás enamorado.

CASSIO
Di chi?

295. ¿De quién?

YAGO
Di Bianca.

296. *(En voz muy baja.)*
De Bianca.

OTELLO
Sorride!

297. ¡Sonríe!

CASSIO
Baie!

298.   ¡Oh, vamos!

YAGO
Essa t'avvince coi vaghi rai.

299.   Ella te conquista con su belleza.

CASSIO
...Da mano ignota...

300.   ...Una mano anónima...

Las palabras vuelven a perderse.

OTELLO
Le parole non odo... Lasso!
È udir le vorrei! Dove son giunto!

301.   No oigo lo que dicen... ¡Diablos!
¡Quiero oírlas! ¡A lo que he llegado!

CASSIO
Un vel trapunto...

302.   Un pañuelo bordado...

YAGO
È strano! È strano!

303.   ¡Qué extraño! ¡Qué extraño!

OTELLO
D'avvicinarne Jago mi fa cenno.

304.   Yago me hace señas para que me acerque.

Poco a poco Otello va deslizándose e una columna a otra.

YAGO
Da ignota mano? Baie!

305.   ¿Una mano anónima? ¡Oh vamos!

Yago le señala que hable en voz baja.

CASSIO
Da senno quanto mi tarda saper
chi sia...

306.   Por cierto aún no he podido saber
quien lo hizo...

Para si.

YAGO
Otello spia...

L'ahi teco?

(A Cassio)
307.   Otello espía...

¿Y lo tienes contigo?

Extrae del jubón el pañuelo de Desdémona.

CASSIO
Guarda.

308.   Míralo.

YAGO
Qual meraviglia!

(Tomando el pañuelo.)
309.   ¡Qué maravilla!

Para si.
Otello origlia. Ei s'avvicina
con mosse accorte.

Otello está escuchando y se acerca
con cautela.

A Cassio, jocosamente, míentras lleva las manos hacia atras para que Otello mire el pañuelo.

Bel cavaliere, nel vostro ostello perdono
gli angeli l'aureola e il vel.

Gentil caballero, en su hogar los ángeles
pierden la aureola y el velo.

OTELLO

È quello! È quello! Ruina e morte!

310.

(Oculto detras de la columna, observa el pañuelo.)
¡Ese es! ¡Ese es! ¡Ruina y muerte!

YAGO
Origlia Otello.

311.

Otello sigue escuchando.

OTELLO
Tutto è spento! Amore e duol.
L'alma mia nessun più smuova.

312.

¡Todo está perdido! ¡Amor y dolor!
Ya nadie me quita la certeza.

YAGO
Questa è una ragna
dove il tuo cuor
casca, si lagna,
s'impiglia e muore.
Troppo l'ammiri,
troppo la guardi;
bada ai deliri
vani e bugiardi.
Questa è una ragna
dove il tuo cuor
casca, sì lagna,
s'impiglia e muore.

313.

(A Cassio, indicándole el pañuelo.)
Esta es una telaraña
en la que tu corazón cae
se lamenta, se enreda,
y muere.
Mucho la admiras,
mucho la mira;
cuídate de los delirios
mentirosos y vanos.
Esta es una telaraña
en la que tu corazón cae
se lamenta, se enreda,
y muere.

CASSIO
Miracolo vago
dell'aspo e dell'ago
che in raggi tramuta
le fila d'un vel,
più bianco, più live
che fiocco di neve,
che nube tessuta
dall'aure del ciel.

314.

(Recobra el pañuelo y lo observa.)
Sublime milagro
de la rueca y la aguja
que en rayos transforma
los hilos de un velo,
más blanco, más suave
que un copo de nieve,
que nube tejida
en los aires del cielo.

OTELLO
Tradimento... la tua prova... spaventosa
mostri al Sol.

315.

Traición... la horrible prueba... se
muestra al sol.

YAGO
Bada!

316.

¡Cuídate!

*Se oyen trompetas en el interior, enseguida el disparo de un cañón,
como saludo a la nave veneciana que llega conduciendo a tos embajadores.
Otello regresa junto a la puerta del mirador.*

YAGO
Quest' è il segnale che annunzia l'approdo
della trireme veneziana. Ascolta:
Tutto il castel ce' suoi squilli risponde.
Se qui non vuoi con Otello.

(A Cassio)
317. Esta es la señal que índica el arribo
de la nave veneciana. Escucha:
el castillo entero le da la bienvenida vete.
Si no quieres encontrarte con Otello.

CASSIO
Addio.

318. Adiós.

YAGO
Va.

319. Ya vete.

Cassio sale velozmente por el fondo.

Escena Sexta

OTELLO
Come la ucciderò?

(Acercándose a Yago.)
320. ¿Cómo la mataré?

YAGO
Vedesti ben com'egli ha riso?

321. ¿Observó bien cómo se reía?

OTELLO
Vidi.

322. Lo vi

YAGO
E il fazzoletto?

323. ¿Y el pañuelo?

OTELLO
Tutto vidi.

324. Lo vi todo.

VOCES
Evviva!
Alla riva! Allo sbarco!

(Lejanas desde afuera.)
325. ¡Viva!
¡A la costa! ¡Al desembarco!

OTELLO
È condannata.
Fa ch'io m'abbia un velen
per questa notte.

326. Está condenada.
Haz que me hagan un veneno
para ésta noche.

VOCES
Evviva! Evviva il Leon di San Marco!

327. ¡Viva! ¡Viva el León de San Marcos!

YAGO
Il tosco no. Val meglio soffocarla,
là nel suo letto, la, dove ha peccato.

328. El veneno no. Es mejor ahorcarla,
allí en su lecho, ahí, en donde ha pecado.

OTELLO
Questa giustizia tua mi piace.

329. Me place esa justicia tuya.

YAGO
A Cassio, Jago provvederà.

330. De Cassio, Yago se encargará.

47

OTELLO
Jago, fin d'ora mio Capitano t'eleggo.

331. Yago, desde ahora te nombro Capitán.

YAGO
Mio Duce, grazie vi rendo.
Ecco gli ambasciatori.
Li accogliete. Ma ad evitar sospetti,
Desdemona si mostri a quei messeri.

332. Mi General, le doy las gracias.
Aquí llegan los embajadores.
Recíbalos. Para evitar sospechas,
es mejor que Desdémona se muestre
a esos caballeros.

OTELLO
Si, qui l'adduci.

333. Si, hazla venir.

Yago sale por la puerta de la izquierda.
Otello se dirige hacía el fondo para recibir a los embajadores.
Suenan trompetas en el interior.

Escena Septima

LODOVICO
Il Doge ed il Senato salutano l'eroe
trionfatore di Cipro. Io reco nelle vostre
mani il messaggio dogale.

334. *(Lleva en la mano un pergamino enrollado.)*
El Dux y el Senado saludan al héroe
triunfador de Chipre. Yo entrego en
sus manos el mensaje ducal.

OTELLO
Io bacio il segno della sovrana Maestà.

335. *(Otello toma el pergamino y besa el sello.)*
Beso el signo de su soberana majestad.

LODOVICO
Madonna, v'abbia il ciel in sua guardia.

336. *(Acercándose a Desdémona.)*
Señora, que el cielo la proteja.

DESDEMONA
E il ciel v'ascolti.

337. Que el cielo lo escuche.

EMILIA
Come sei mesta!

338. *(A Desdémona.)*
¡Cómo estás triste!

DESDEMONA
Emilia! Una gran nube turba il senno
d'Otello e il mio destino.

339. ¡Emilia! Una gran nube enturbia el juicio
de Otello y mi destino.

YAGO
Messere, son lieto di vedervi.

340. *(A Lodovico)*
Señor, me place verlo.

Lodovico, Desdémona y Yago se agrupan.

LODOVICO
Jago, quali nuove?
Ma in mezzo a voi non trovo Cassio.

341. ¿Yago, qué novedades tienes?
Pero entre ustedes no encuentro a Cassio.

YAGO
Con lui crucciato è Otello.

342. Otello está enfadado con él.

DESDEMONA
Credo che in grazia tornerà.

343. Creo que volverá a su gracia.

OTELLO
Ne siete certa?

(A Desdémona, fingiendo leer el pergamino.)
344. ¿Estás segura?

DESDEMONA
Che dite?

345. ¿Qué dices?

LODOVICO
Ei legge, non vi parla.

346. No ha hablado está leyendo.

YAGO
Forze che in grazia tornerà.

347. Quizás se reconcilien.

DESDEMONA
Jago lo spero, sai se un verace affetto
io porti à Cassio...

348. Yago, así lo espero, sabes que le tengo
a Cassio un afecto verdadero...

OTELLO
Frenate dunque le labbra loquaci...

(Siempre simulando leer.)
349. Callan entonces esos labios locuaces...

DESDEMONA
Perdonate, signor...

350. Perdone, señor...

OTELLO
Demonio, taci!

(Arrojándose sobre Desdémona.)
351. ¡Demonios, cállate!

LODOVICO
Ferma!

(Interponiéndose.)
352. ¡Deténgase!

TODOS
Orrore!

353. ¡Horror!

LODOVICO
La mente mia non osa pensar
ch'io vidi il vero.

354. Mi mente no se atreve a pensar
que sea cierto lo que veo.

OTELLO
A me Cassio!

(Al heraldo.)
355. ¡Tráeme a Cassio!

El heraldo sale.
(A Otello en voz baja.)
356. ¿Qué intenta hacer?

YAGO
Che tenti?

OTELLO
Guardala mentr'ei giunge.

(A Yago, en voz baja.)
357. Obsérvala cuando él llegue.

TODOS
Ah, triste sposa!

358. ¡Ah, infeliz esposa!

LODOVICO
Quest'è dunque l'errore?
Quest'è il guerriero dai sublimi ardimento?

359.

(A Yago, en voz baja.)
¿Entonces éste es el héroe?
¿Éste es el guerrero de sublime valor?

YAGO
È quel ch'egli è.

360. Es el que es.

LODOVICO
Palesa il tuo pensiero.

361. Expresa tu pensamiento.

YAGO
Meglio è tener su ciò la lingua muta.

362. Es mejor tener la lengua muda.

Escena Octava
Aparece Cassio.

OTELLO
Eccolo, è lui!

363. ¡Allí está, es él!

(A Yago)
Observa sus reacciones.
¡Señores! El Dux.

Nell'animo lo scruta.
Messeri! Il Doge.

(En voz baja a Desdémona.)
Bien que finges el llanto.

Ben tu fingi il pianto.

(A todos.)
... me llama a Venecia.

... mi richiama a Venezia.

RODRIGO
Infida sorte!

364. ¡Suerte aciaga!

OTELLO
E in Cipro elegge mio successor
colui che stava accanto al mio vessillo,
Cassio.

365. Y elige como mi sucesor en Chipre
a quien aquí me escoltaba, Cassio.

YAGO
Inferno e morte!

366.

(Ferozmente sorprendido.)
¡Infierno y muerte!

OTELLO
La parola Ducale è nostra legge.

367.

(Mostrando un pergamino.)
La palabra ducal es nuestra ley.

CASSIO
Obbedirò.

368.

(Inclinándose ante Otello.)
Obedeceré.

OTELLO
Vedi? Non par che esulti l'infame?

369.

(A Yago, en voz baja y señalando a Cassio.)
¿Lo ves? ¿No parece, regocijarse el infame?

YAGO
No.

370. No.

OTELLO

La ciurma e la coorte...

Continua i tuoi singulti...

... e la navi e il castello...
lascio in poter del nuovo Duce.

LODOVICO

Otello, per pieta la conforta
o il cor le infrangi.

OTELLO

Noi salperemo domani.

Aferra furiosamente a Desdémona y ella se cae.

A terra! ... E piangi! ...

*Otello en su terrible acción, deja caer el pergamino, Yago lo recoge y lo lee a escondidas.
Emília y iuaovico sostienen piadosamente a Desdémona.*

DESDEMONA

A terra! ... si...
Nel livido fango percossa io giaccio...
Piango... m'agghiaccia il brivido dell'anima
che muore.
E un di sul mio sorriso fiori la speme e il
bacio, ed or... L'angoscia in viso e l'agonia
nel cor.
Quel Sol sereno e vivido che allieta il cielo
e il mare non può asciugar le amare stille
del mio dolor.

EMILIA

Quella innocente un fremito d'odio non ha
né un gesto, trattiene in petto il gemito
con doloroso fren.
La lagrima si frange muta sul volto mesto;
no, chi per lei non piange non ha pietà di
in sen.

371.   El pueblo y las tropas...

(A Desdémona, en voz baja.)
Continúa con tus sollozos...

(A todos)
... las naves y el castillo...
dejo en del nuevo General.

372.   *(Señalando a Desdémona, quien se acerca
suplicante.)*

Otello, consuele a Desdémona
o le romperá el corazón.

(A Ludovico y Desdémona.)
373.   Nosotros zarparemos mañana.

¡Al suelo! ... ¡Y llora! ...

374.

375.   ¡Al suelo! ... si...
Sobre el horible fango golpeada yo caigo...
Lloro... el alma moribunda echa su soplo
helado sobre mí.
Un día esperanza y besos relumbraron en
mi sonrisa, ahora... Solo angustia en el
rostro y agonía en el corazón.
Ni el sol vivaz y sereno que ilumina mar
y cielo puede enjugar las amargas lágrimas
de mi dolor.

376.   Ni con un gesto de odio puede desahogarse
ésta pobre inocente, su grito contiene,
dolorosamente, dentro de su pecho las
silenciosas. Lágrimas corren por su rostro
triste; quien no sea capaz de llorar por ella
no tiene piedad en su seno.

CASSIO
L'ora è fatal!
Un fulmine sul mio cammin l'addita. Già di mia sorte il culmine s'offre all'inerte incalza. L'ebbra fortuna incalza la fuga della vita. Questa che al ciel m'innalza è un'onda d'uragán.

377. ¡Hora fatal!
Un relámpago me indica la senda.
Un golpe al azar me ha llevado a la cumbre.
Ciega es la fortuna como el paso de la vida.
Esta que al cielo me eleva es un remolino de huracán.

RODRIGO
Per me s'oscura il mondo, s'annuvola il destin, l'angelo soave e biondo scompar dal mio cammin.

378. El mundo se obscurece para mí, y mi destino se nubla, el ángel dulce y rubio se aparta de mi camino.

LODOVICO
Egli fa man funerea scuote anelando d'ira, essa la faccia eterea volge piangendo al cielo. Nel contemplar quel pianto la carità sospira, e un tenero compianto stempra del core il gel.

379. Otello alza su negra mano presa de ira, Desdémona vuelve hacia el cielo llorando, su rostro etéreo. Al contemplar ese llanto, la piedad suspira y la compasión triunfa sobre la más fría de tos corazones.

CORO
Pietà! ... Mistero!
Ansia mortale, bieca, ne ingombra, anime assorte in lungo orrore.
Quell'uomo nero è sepolcrale, e cieca un'ombra è in lui di morte e di terror.
Vista... crudel! Strazia coll'ugna l'orrido petto! Gli sguardi frigge immoti al suol.
Poi sfida il ciel coll'atre pugna, l'ispido aspetto ergendo ai dardi alti del Sol.
Ei la colpi. Quel viso santo, pallido, blando, si china e tace e piange e muore. Piango così nel ciel lor pianto gli angeli quando perduto giace il peccator.

380. ¡Piedad! ... ¡Misterio! Una furia tan mortal y obscura ensombrece el alma, sumida en profundo horror. Ese hombre negro y sepulcral, ha sido víctima de una sombra ciega de muerte y de terror.
¡Espectáculo... cruel! ¡Desgarra con las uñas su obscuro pecho! Con la mirada inmóvil clavada en el suelo. Luego desafía amenazadoramente al cielo con su temible figura enfrentando a los rayos del sol. Ha golpeado. Un rostro santo, pálido y suave, ella se inclina y calla, llora y muere. Así lloran los ángeles en el cielo cuando contemplan extraviarse al pecador.

Acercándose a Otello, quíen abatido se sentó sobre un sillón.

YAGO
Una parola.

381. Permítame una palabra.

OTELLO
E che?

382. ¿Qué?

YAGO
T'affretta! Rapido, slancia la tua vendetta! Il tempo vola.

383. ¡Dese prisa! ¡Rápido, acometa con su venganza! El tiempo vuela.

OTELLO
Ben, parli.

384. Dices bien.

YAGO
È l'ira inutile ciancia. Scuotiti!
All'opra ergi tua mira!
All'opra sola!
Io penso a Cassio.
Ei le sue trame espia.
L'infame anima ria l'averno inghiotte!

OTELLO
Chi gliela svelle?

YAGO
Io.

OTELLO
Tu?

YAGO
Io. Giura!

OTELLO
Tal sia.

YAGO
Tu avrai le sue novelle in questa notte...

I sogni tuoi saranno in mar domani
e tu sull'aspra terra!

RODRIGO
Ahi, triste!

YAGO
Ahi, stolto, stolto! Se vuoi, tu puoi sperar
gli umani, orsù! Cimenti afferra, e m'odi.

RODRIGO
T'ascolto.

YAGO
Col primo albor salpa il vascello. Or Cassio
è il Duce. Eppur se avvien che a questo
accada sventura...
Allor qui resta Otello.

RODRIGO
Lugubre luce d'atro balen!

385. ¡De nada sirve la ira! ¡Apresúrate!
¡Ocúpate de ello!
¡Solo de ello!
Yo me encargo de Cassio.
Debe expiar su delito.
¡Que el averno devore su alma mísera!

386. ¿Quién la arrojará ahí?

387. Yo.

388. ¿Tu?

389. Yo. Así lo juré.

390. Así sea.

391. Tendrás noticias suyas ésta noche...

(Irónicamente a Rodrigo.)
¡Mañana tus sueños navegarán en el mar
y tú quedaras sobre la áspera tierra!

(A Yago)
392. ¡Oh tristeza!

393. ¡Estúpido, estúpido! ¿Vamos, debes tener
confianza, no sabes utilizar alguna treta?
Óyeme.

394. Te escucho.

395. Al alba zarpa la nave, y Cassio será entonces
General. Sin embargo si te propones que le
ocurra alguna desgracia...
Otello deberá quedarse.

(Tocando su espada.)
396. ¡Una lúgubre luz relumbra en tu mirada!

YAGO
Mano alla spada!
A notte folta io la sua tracia vigilo,
e il vareo e l'ora scruto, il resto a te.
Sarò tua scorta. A caccia, a caccia!
Cingiti l'arco!

RODRIGO
Si! T'ho venduto onore e fa!

YAGO
Corri al miraggio! Il fragile tuo senno
ha già confuso un sogno menzogne.
Segui l'astuto ed agile mio cenno,
amante illuso, io seguo il mio pensier.

RODRIGO
Il dado è tratto! Impavido t'attendo
ultima sorte, occulto mio destin.
Mi sprona amor, ma un avi ciò tremendo
astro di morte infesta il mio cammin.

OTELLO

Fuggite!

TODOS
Ciel!

OTELLO
Tutti fuggite Otello!

YAGO
Lo assale una malia che d'ogni
senso il priva.

OTELLO
Chi non si scosta è centro me ribello.

LODOVICO
Mi segui...

VOCES
Evviva!

DESDEMONA
Mio sposo!

397. ¡Mano a la espada!
En la profunda noche yo vigilaré,
la hora y sus pasos, el resto te corresponde.
Seré tu escolta. ¡A la caza, a la caza!
¡Ciñe tu arco!

398. ¡Si! ¡En ti pongo mi honor y mi fe!

399. ¡Esperas un milagro! Tu frágil razón
cree en un sueño ilusorio.
Sigue a mi astuta y ágil señal, amante iluso,
yo sigo a mi pensamiento.

400. ¡La suerte está echada! Espero impávido
la suerte oculta en mi destino.
El amor me impulsa pero un sombrío y ávido
designio de muerte enturbia mi camino.

401. *Alzándose y enfrentándose con terrible aspecto a la multitud.*

¡Idos de aquí!

402. ¡Cielos!

403. *(Abalanzándose sobre la multitud.)*
¡Que todos huyan de Otello!

404. Es víctima de un hechizo que lo ha
privado de todo juicio.

405. El que no se vaya, está contra mí.

406. *(Tratando de apartar a Desdémona.)*
Sígueme...

407. *(Desde afuera.)*
¡Viva!

408. *(Corre hacía Otello.)*
¡Esposo mío!

OTELLO
Anima mia, ti maledico!

(Furibundo, a Desdémona.)
409. ¡Te maldigo con toda mi alma!

TODOS
Orror!

410. ¡Qué horror!

Desdémona sale entre famifia y Ludovico.

Escena Novena
Otello y Yago solos.

OTELLO
Fuggirmi io sol non so!
Sangue, ah!
L'abbietto pensiero! …
"Ciò m'accora!"
Vederli insieme avvinti…
Il fazzoletto, ah!

411. ¡Huir de mí no puedo!
¡Sangre, ah!
¡El horrible pensamiento! …
"¡Esto no me agrada!"
Acaso verlos abrazados…
¡El pañuelo, ah!

YAGO
Il mio valen lavora.

(Se desmaya.)
Mi veneno trabaja.

VOCES
Viva Otello!

(Desde afuera.)
412. ¡Viva Otello!

YAGO
L'eco della vittoria porge
sua laude estrema.

413. Los ecos de la victoria exaltan
su gloria suprema.

Chi può vietar che questa fronte io prema
col mio tallone?

(Observa a Otello desmayado.)
¿Quién podrá impedir que pise su frente
con mi talón?

VOCES
Evviva Otello!
Gloria al Leon di Venezia!

(Desde afuera, mas cercanas.)
414. ¡Viva Otello!
¡Gloria al León de Venecia!

YAGO

Ecco il Leone!

(Erguido y con una expresión de horrendo triunfo, señalando el cuerpo inerte de Otello.)
415. ¡He aquí el León!

Acto IV

La habitación de Desdémona. Lecho, reclinatorio, una mesa, un espejo, sillas.
Una lámpara colgante arde ante la imagen de la Virgen, dispuesta sobre el reclinatorio.
Es de noche, una vela encendida sobre la mesa.

Escena Primera

EMILIA
Era più calmo?

DESDEMONA
Mi pareva.
M'ingiunse di coricarmi e d'attenderlo.
Emilia, te ne prego, distendi sul mio letto
la mia candida veste nuziale.
Senti. Se pria di te morir dovessi mi
seppellisci con uno di quei veli.

EMILIA
Scaciate quest'idee.

DESDEMONA
Son mesta tanto.
Mia madre aveva una povera ancella,
innamorata e bella. Era il suo nome Barbara.
Amava un uom che poi l'abbandonò,
cantava una canzone:
"La canzon del Salice"

Mi disciogli le chiome:
lo questa sera ho la memoria piena
di quella cantilena:
"Pianga cantando
nell'erma landa,
pianga la mesta.
O Salce, salce, salce!
Se dea chinando
sul sen la testa.
Salce, salce, salce!
Cantiamo! Il Salce funebre
sarà la mia ghirlanda."

416. ¿Estaba más calmado?

417. Eso me pareció.
Me pidió que me acostase y que lo esperase.
Emilia, te ruego, extiende sobre el lecho
mi blanco vestido nupcial.
Escucha. Si muriera antes que tú,
sepúltame con uno de esos velos.

418. Aparta esas ideas.

(Se sienta maquinalmente ante el espejo.)
419. Estoy tan triste.
Mi madre tenía una pobre doncella,
enamorada y bella. Se llamaba Bárbara.
y amaba a un hombre que después
la abandono, y cantaba una canción:
"La canción del sauce"

(A Emilia)
Suéltame los cabellos:
Esta noche tengo la plena memoria
de esa canción:
"Lloraba cantando
en la tierra yerma,
triste lloraba.
¡Oh Sauce, sauce, sauce!
Se estaba inclinando
la cabeza sobre su seno.
¡Sauce, sauce, sauce!
Cantemos, el sauce fúnebre
será mi guirnalda."

DESDEMONA *(continuato)*
Affrettati, fra poco giunge Otello.
"Scoreranno i rivi fra le zolle in fior,
gemmea quel core affranto.
E dalle ciglia le sgorgava il cor!
L'amara onda del pianto.
Salce, salce, salce!
Cantiamo! Il salce funebre
sarà la mia ghirlanda.
Scendevano l'augelli a vol dai
rami cupi,
verso quel dolce canto,
e gli occhi suoi pianga
tanto, tanto,
da impietosir le rupi."

Riponi quest'anello.
¡Povera Barbara! Sol ea la storia
con questo semplice suono finir:
"Egli era nato per la sua gloria, io, per amar."

Ascolta, odo un lamento.
Taci. Chiù batte a quella porta?

EMILIA
È il vento.

DESDEMONA
"Io per amarlo e per morir.
Cantiamo! Salce, salce, salce!
Emilia, addio. Come m'arden le ciglia!
È presagio di pianto. Buona notte.

Ah, Emilia, Emilia, addio, Emilia, addio!

(A Emilia)
Apresúrate, dentro de poco llega Otello.
"Corrían los ríos entre las tierras floridas.
¡Y gemía su apenado corazón!
De sus ojos brotaban amargas lágrimas
como amarga ola de llanto.
¡Sauce, sauce, sauce!
¡Cantemos! El sauce fúnebre
será mi guirnalda.
Bajaban los pájaros volando
desde las copas de tos árboles
hacia ese dulce canto,
y sus ojos lloraban
tanto, tanto,
hasta ablandar las rocas."

(A Emilia, quitándose del dedo un anillo.)
Guarda éste anillo.
¡Pobre Bárbara! Con éstas sencillas
estrofas solía terminar su canto: "Él había
nacido para la gloria, yo, para amar."

(Interrumpiéndose.)
Escucha, oigo un lamento.
Calla. ¿Quién llama en esa puerta?

420.   Es el viento.

421.   Yo para amarlo y para morir.
¡Cantemos! ¡Sauce, sauce, sauce!
Emilia, adiós. ¡Cómo me arden los ojos!
Es presagio de llorando. Buenas noches.

(Emília se vuelve para salir.)
¡Ah, Emilia, Emilia, adiós, Emilia, adiós!

Emilia regresa y Desdémona la abraza.
Emilia sale.

Escena Segunda

DESDEMONA

Ave Maria pietà di grazia,
eletta fra le spose e le vergini sei tu,
sia benedetto il frutto; o benedetta,
di tue materne viscere, Gesù.
Prega per chi adorando a te si prostra,
prega nel peccator, per l'innocente
e pel debole oppresso e pel possente,
misero anch'esso, tua pietà dimostra.
Prega per chi sotto l'oltraggio piega
la fronte, e sotto la malvagia sorte.
Per noi tu prega
sempre e nell'ora della
morte nostra, prega per noi.

(Va al reclinatorio.)

422. Ave Maria llena eres de gracia,
elegida entre las esposas y las vírgenes,
bendito sea el fruto de tu vientre, Jesús.

Ruega por quienes te adoran postrados a tus
pies, ruega por el pecador, por el inocente,
por el débil oprimido y por el poderoso
desdichado, también muestra tu piedad.
Ruega por quienes inclinan su frente ante
el ultraje y la aciaga suerte.
Ruega por nosotros
siempre y en la hora de
nuestra muerte.

Permanece arrodillada y apoya la frente sobre el reclinatorio como quien repite mentalmente una oración.
No se oyen más que las primeras y las últimas palabras de la oración.

Ave Maria.
... nell'ora della morte.
Ave! Amen.

Ave Maria.
... en la hora de la muerte.
¡Salve! Amen.

Se incorpora y va a acostarse.

Escena Tercera
Otello entra por una puerta secreta. Deja una cimitarra sobre la mesa.
Se detiene ante el fuego de la chimenea dudando de apagarlo o no.
Observa a Desdémona. Apaga el fuego.
La escena queda iluminada solo por la lámpara del reclinatorio.
Otello dejándose llevar por un ímpetu de ira se acerca al lecho pero ahí se detiene.
Contempla a Desdémona durmiendo. La besa tres veces, con el último beso ella se despierta.

DESDEMONA

Chi è là? Otello?

(Se incorpora.)

423. ¿Quién está ahí? ¡Otello?

OTELLO

Sì. Diceste questa sera le vostre preci?

424. Si. ¿Ya rezaste ésta noche tus oraciones?

DESDEMONA

Orai.

425. Oré.

OTELLO

Se vi sovviene di qualche colpa commessa
che attenda grazia dal ciel, imploratela tosto.

426. Si recuerdas algún otro pecado del que
quieras pedir perdón, hazlo pronto.

DESDEMONA

Perché?

427. ¿Porque?

OTELLO
T'affretta. Uccidere non voglio l'anima tua.

428. Apresúrate. No quisiera matar a tu alma.

DESDEMONA
D'uccider parli?

429. ¿Hablas de matar?

OTELLO
Si.

430. Si.

DESDEMONA
Pietà di me, mio Dio.

431. Ten piedad de mi Dios mío.

OTELLO
Amen.

432. Amen.

DESDEMONA
E abbiate pietà voi pure.

433. Y que también tú tengas piedad.

OTELLO
Pensa a 'tuoi peccati.

434. Piensa en tus pecados.

DESDEMONA
Mio peccato è l'amor.

435. Mi pecado es el amor.

OTELLO
Perciò tu muori.

436. Por él morirás.

DESDEMONA
E perché t'amo m'uccidi?

437. ¿Y porque te amo me mataras?

OTELLO
Ami Cassio.

438. Amas a Cassio.

DESDEMONA
No! Sull'anima mia!

439. ¡No! ¡Por mí alma!

OTELLO
Quei! Fazzoletto ch'lo ti donai gli desti.

440. Le diste el pañuelo que yo te regalé.

DESDEMONA
Non è vero!

441. ¡No es verdad!

OTELLO
Nella sua man lo vidi.

442. Lo vi en su mano.

DESDEMONA
Lo rea non sano!

443. ¡No tengo la culpa!

OTELLO
Confessa!

444. ¡Confiesa!

DESDEMONA
Giuro!

445. ¡Lo juro!

OTELLO
Bada allo spergiuro...
Pensa che sei sul tuo letto di morte.

DESDEMONA
Non per morir.

OTELLO
Per morir tosto.

DESDEMONA
Aita!
Cassio non amo... ch'ei qui venga...
... ei parli.

OTELLO
Muto è per sempre.

DESDEMONA
Cielo! Morto?

OTELLO
Morto.

DESDEMONA
Son perduta! ... Ei tradito!

OTELLO
E pianger l'osi?

DESDEMONA
Otello... non uccidermi...

OTELLO
Tu invano ti difendi.

DESDEMONA
Ch'io viva ancor...

OTELLO
Giù cadi, prostituta! ...

DESDEMONA
Pietà!

OTELLO
Muori!

DESDEMONA
Ch'io viva questa notte...

446.	Ten cuidado con el perjurio... Piensa que estás en tu lecho de muerte.
447.	Pero no para morir ahora
448.	Para morir ya mismo.
449.	¡Auxilio! No amo a Cassio... que él venga... ... y que hable.
450.	Ha enmudecido para siempre.
451.	¡Cielos! ¿Ha muerto?
452.	Ha muerto.
453.	¡Estoy perdida! ... ¡Y a él lo traicionaron!
454.	¿Y osas llorarlo?
455.	Otello... no me mates...
456.	Te defiendes en vano.
457.	Déjame vivir un poco más...
458.	¡Muere prostituta! ...
459.	¡Piedad!
460.	¡Muere!
461.	Deja que viva ésta noche...

OTELLO
No!

462.   ¡No!

DESDEMONA
Un'ora.

463.   Una hora.

OTELLO
No.

464.   No.

DESDEMONA
Un istante.

465.   Un instante.

OTELLO
No.

466.   No.

DESDEMONA
Sol ch'io dica un'Ave.

467.   Déjame rezar un Ave Maria.

OTELLO
E tardi!

468.   ¡Ya es tarde!

La estrangula, Desdémona grita.
Se oye llamar a la puerta.
Otello contempla el cuerpo inerte de Desdémona.

Calma come la tumba.

Quieta como una tumba.

EMILIA
Aprite, aprite!

469.   *(Desde afuera, golpeando la puerta.)*
¡Abra, abra!

OTELLO
Chi è là? Chi batte?

470.   ¿Quién es? ¿Quién llama?

EMILIA
Signor mio... ven prego,
lasciate ch'io vi parli... Aprite!

471.   Señor mío... venga por favor,
déjeme hablarle... ¡Abra!

OTELLO
Emilia, che avvenne?

472.   *(Abre la puerta.)*
¡Emilia, qué sucede?

EMILIA
Un gran delitto! Cassio uccise Rodrigo.

473.   *(Entrando.)*
Un gran delito, Cassio mató a Rodrigo.

OTELLO
E Cassio?

474.   ¿Y Cassio?

EMILIA
Vive.

475.   Vive.

OTELLO
Cassio vive!

476.   ¡Cassio vive!

DESDEMONA
Ingiustamente... uccisa,
ingiustamente...

477.　Injustamente... he sido muerta,
injustamente...

EMILIA
Chi geme là? ... Orror!

(Corre hacia el lecho.)
478.　¿Quién gime ahí? ¡Horror!

DESDEMONA
Muore innocente...

479.　Muero inocente...

EMILIA
Gran Dio! ... Chi fu?

480.　¡Gran Dios! ... ¿Quien fue?

DESDEMONA
Nessuno... io stessa... al mio
Signor mi raccomanda...
Muoio... addio...

481.　Nadie... yo misma...
encomiéndame al Señor...
Muero... adiós...

Muere.

OTELLO
O mentitrice! Io l'uccisi.

482.　¡Oh mentirosa! Yo la maté.

EMILIA
Assassino!

483.　¡Asesino!

OTELLO
Fu di Cassio la druda. A Jago il chiedi.

484.　Fue la amante de Cassio. Pregúntale a Yago.

EMILIA
A Jago?

485.　¿A Yago?

OTELLO
A Jago!

486.　¡A Yago!

EMILIA
Stolto! E tu il credesti?

487.　¡Tonto! ¿Y tú le creíste?

OTELLO
Negarlo ardisci?

488.　¿Te atreves a negarlo?

EMILIA
Non ti temo!

489.　¡Note temo!

OTELLO
Bada!

(La afierra.)
490.　¡Ten cuidado!

EMILIA
Olà soccorso! Aiuto!
Otello uccise Desdemona.

491.　¡Socorro! ¡Auxilio!
Otello mató a Desdémona.

Se libera y corre hacia la puerta gritando con desesperación.

Escena Cuarta
Entran Ludovico, Cassio, Yago, y mas tarde Montano con soldados.

TODOS
Quali grida!

492. ¡Qué gritos!

(Miran a Desdémona.)
¡Qué horror!

Orrore! Orror!

EMILIA
Jago, smentisci quel vile assassino.
Hai tu creduto Desdemona infida?
Parla!

(A Yago)
493. Yago, desmiente a ese vil asesino.
¡Has creído que Desdémona era infiel?
¡Habla!

YAGO
Tal la credea.

494. Asilo creí.

OTELLO
Quel fazzoletto che un di le diedi
a Cassio essa donava.

495. Ese pañuelo que un día le regalé
se lo regaló a Cassio.

EMILIA
O potenza divina!

496. ¡Oh supremo Dios!

YAGO
Taci!

(A Emitía)
497. ¡Calla!

EMILIA
¡No! Costui dalla mia man quel
fazzoletto svelse a viva forza.

498. ¡No! Este hombre me quitó
con violencia de las manos ese pañuelo.

CASSIO
E nella mia dimora trovai quel vel.

499. Y yo lo encontré en mi casa.

MONTANO
Rodrigo morente mi svelò di quest'uom
l'arti nefande.

(Entra y señala a Yago)
500. Rodrigo moribundo me reveló las funestas
artes de éste hombre.

OTELLO
Ah! Discolpati!

(A Yago)
501. ¡Ah! ¡Discúlpate!

YAGO
No.

(Huyendo.)
502. No.

LUDOVICO
Ferma.

503. Detente.

MONTANO
S'insegua.

504. ¡Seguido!

CASSIO
Afferratelo!

(A Montano)
505. ¡Atrápenlo!

Salen algunos en persecución de Yago.

OTELLO
E il ciel non ha più fulmini?

506. ¿Y el cielo ya no descarga sus rayos?

LUDOVICO
La spada a me!

507. ¡Dadme la espada!

OTELLO
Tant'osi! Niun mi tema se anco armato
mi vede. Ecco la fine del mio cammin...
Oh gloria! Otello fu.

508. ¡Qué osadía! Ya nadie me teme aunque me
vea armado. Este es el fin de mi camino...
¡Oh gloria! Otello ya no existe.

Deja caer la espada. Va hacia el lecho y contempla a Desdémona.

E tu... come sei pallida!
E stanca, e muta e bella,
pia creatura nata sotto maligna stella.
Fredda come la casta tua vita,
e in cielo assorta.
Desdemona, Desdemona!
Ah, morta... morta... morta! ...

¡Y tu... qué pálida estas!
Qué cansada y callada y bella,
santa criatura, nacida bajo maligna estrella.
Fría como tu vida casta,
y pérdida en el cielo.
¡Desdémona, Desdémona!
¡Ah, muerta... muerta... muerta! ...

Extrae furtivamente un puñal de entre sus ropas.

Ho un arma ancor!

¡Aún tengo un arma!

Se hiere.

CASSIO
Ah! Ferma!

509. ¡Ah! ¡Detente!

CASSIO Y MONTANO
Sciagurato!

510. ¡Desventurado!

OTELLO
Pria d'ucciderti... sposa... ti baciai.
Or morendo... nell'ombra in cui mi
giaccio... un bacio... un bacio ancora...
Ah! un altro bacio...

511. Antes de matarte... esposa... te besé.
Ahora el morir, desde las sombras en que
me hundo... un beso... un beso más...
ah, otro beso...

Muere.

FIN

Biografía de Giuseppe Verdi

Giuseppe Verdi nació en el seno de una familia muy modesta, el 10 de Octubre de 1813 en una pequeña población llamada Le Roncole perteneciente al Ducado de Parma en el norte de Italia, en ese entonces bajo el dominio de Napoleón.

Verdi contó desde muy joven con la protección de Antonio Barezzi, un comerciante de Busseto, pueblo vecino a Le Roncole, quien creyó en el potencial musical del joven. Gracias a su apoyo, Verdi pudo desplazarse a Milán con la intención de ingresar como estudiante al Conservatorio cosa que no logró debido a obstáculos burocráticos.

Durante 18 meses de la educación musical de Verdi, en Milán, quien se desempeñó en forma brillante como estudiante.

Sin embargo, por recomendación de Antonio Barezzi, el maestro Vincenzo Lavigna se hizo cargo durante 18 meses de la educación musical de Verdi, en Milán, quien se desempeñó en forma brillante como estudiante.

El 4 de Mayo de 1836, Verdi y Margherita, hija de Antonio Barezzi contrajeron nupcias, ambos tenían 23 años. El 23 de Marzo de 1837, Margherita dio a luz una niña que fue bautizada con el nombre de Virginia Maria Luigia.

En 1836, Verdi fue nombrado Maestro de Música de Busseto y un año después, en Milán, estrenó su primera ópera *Oberto Conte di San Bonifacio* que resultó todo un éxito y le procuró un contrato con el Teatro alla Scala. El 11 de Julio de 1836 nació el segundo hijo de Margherita, lo llamaron Icilio, Romano, Carlo, Antonio.

En 1840, comenzaron las desgracias en la vida de Verdi, primero enfermó su hijo y falleció, pocos días después, la niña también enfermó gravemente y murió y por último en los primeros días de Junio, Margherita contrajo la encefalitis y también falleció.

Todo esto sumió a Verdi en una profunda depresión que estuvo a punto de hacerlo abandonar su carrera musical. En esos días Ricordi su editor, le mostró el libreto de *Nabucco* que le devolvió su interés por la composición.

El 9 de Marzo de 1842 Verdi estrenó *Nabucco* en el Teatro alla Scala, el estreno constituyó un gran éxito y fue su consagración como compositor.

Durante los ensayos de *Nabucco*, Verdi conoció a Giuseppina Strepponi la protagonista de la ópera, que se convirtió en su pareja y con quien se casó en 1859 y vivió con ella hasta 1897 año en que ella murió.

Verdi escribió un total de 27 óperas, una misa de *Requiem*, un *Te Deum*, el *Himno de las Naciones*, obras para piano, para flauta, y otras obras sacras.

Verdi dejó su cuantiosa fortuna para el establecimiento de una casa de reposo para músicos jubilados que llevaría por nombre La Casa Verdi, en Milán que es en donde se encuentra enterrado junto con Giuseppina.

Verdi falleció en Milán, de un derrame cerebral el 27 de Enero de 1901 a los 88 años de edad. Su entierro causó una gran conmoción popular y al paso del cortejo fúnebre el público entonó el coro de los esclavos de *Nabucco* "*Va pensiero sull ali dorate.*"

Óperas de Verdi

Aida	La Battaglia di Legnano
Alzira	La Forza del Destino
Attila	La Traviata
Don Carlo	Luisa Miller
Ernani	Macbeth
Falstaff	Nabucco
Giovanna D'Arco	Oberto Conte di San Bonifacio
I Due Foscari	Otello
I Lombardi	Rigoletto
I Masnadieri	Simon Boccanegra
I Vespri Siciliani	Stiffelio
Il Corsaro	Un Ballo in Maschera
Il Re Lear	Un Giorno de Regno
Il Trovatore	

Acerca de Estas Traducciones

El Dr. Eduardo Enrique Prado Alcala nació en 1937 en el norte de México, estudió la carrera de medicina y se especializó en cáncer ginecológico y cáncer de mama.

Ejerció su carrera durante 40 años y finalmente llegó a la edad del retiro.

Desde la edad de 42 años, se hizo aficionado a la ópera y a la música clásica y formó parte de un grupo de amigos aficionados a estas disciplinas. Tuvo la oportunidad de asistir a funciones operísticas en la Ciudad de México, en Guadalajara México, en Toluca México, en Mazatlán México, en Seattle, en Madrid y en Londres. Organizó en la Ciudad de Mazatlán tres conciertos de música clásica, uno de ellos en la catedral.

Jugum Press y Ópera en Español

Prensa publica estas traducciones de ópera por Dr. E.Enrique Prado:

Vincenzo Bellini:
Norma

Georges Bizet:
Carmen

Gaetano Donizetti:
Anna Bolena, Don Pasquale, Lucia di Lammermoor, Lucrezia Borgia

Ruggero Leoncavallo:
I Pagliacci

Pietro Mascagni:
Cavalleria Rusticana

Wolfgang Amadeus Mozart:
Die Zauberflöte, Don Giovanni, Le Nozze di Figaro

Giacomo Puccini:
La Boheme, La Fanciulla del West, Madama Butterfly, Manon Lescaut, Tosca
El Tríptico: *Gianni Schicchi, Suor Angelica, Il Tabarro*

Giacchino Rossini:
Il Barbiere Di Siviglia, La Cenerentola

Giuseppe Verdi:
Aida, Un Ballo in Maschera, Don Carlo, Ernani, Falstaff, La Forza del Destino, I Lombardi, Macbeth, Nabucco, Otello, Rigoletto, Simon Boccanegra, La Traviata, Il Trovatore

Para información y disponibilidad, por favor vea
www.operaenespanol.com
Correo: JugumPress@outlook.com
Síganos en Twitter: @jugumpress
Regístrate para nuestras noticias: http://eepurl.com/5m7tj

www.ingramcontent.com/pod-product-compliance
Lightning Source LLC
Chambersburg PA
CBHW081300040426
42452CB00014B/2585